我不是要告诉你艺术是什么
而是要告诉你怎样创造艺术
我们从各个角度看艺术
目的是创造新的　不是重复旧的

ZHANG
JIGANG'S
ART
THEORY

TALKS IN
CANDLELIGHT
NIGHTS
SDX JOINT
PUBLISHING
COMPANY

张继钢 著

秉烛夜话
张继钢论艺术

生活·讀書·新知 三联书店

著者简介

◎ 张继钢，艺术家、教育家、文艺理论家。

◎ 中华文化促进会副主席、中国文联第九届全国委员、中国特殊艺术委员会主席、中国舞蹈界唯一"世纪之星"称号获得者、"中华民族二十世纪舞蹈经典"获奖人；北京2008年奥运会开闭幕式副总导演，残奥会开闭幕式执行总导演，大型音乐舞蹈史诗《复兴之路》总导演。

◎ 担任国际、国家级大型晚会总导演七十余次，创作舞蹈作品近六百部。在舞蹈、舞剧、歌剧、京剧、杂技、歌舞剧、说唱剧、舞蹈诗等多种艺术领域均有突出建树，大部分作品曾在一百多个国家和地区上演或移植上演，获国际比赛金奖十四次、国内金奖五十余次，多次获国家舞台艺术精品工程"十大精品"剧目和中宣部"五个一工程"奖。代表作有：舞蹈《千手观音》《黄土黄》等，杂技作品《肩上芭蕾——东方的天鹅》，舞剧《野斑马》《一把酸枣》《千手观音》等，音乐剧《白莲》，新编史诗京剧《赤壁》，说唱剧《解放》，舞蹈诗《侗》等。

◎ 担任北京大学、清华大学、国防大学、中国艺术研究院兼职教授及国内多所文艺院团终身首席艺术指导。先后赴全国各地（除台湾地区）和世界二十多个国家及地区讲学访问，并在中宣部、外交部、文化部、公安部、最高人民法院等党政部门和国防大学、北京大学、清华大学、复旦大学、美国俄亥俄州大学、德国慕尼黑大学等国内外几十所大学做过一百五十多场专题讲座。

◎ 在国家重要报刊上发表数十篇学术理论和艺术创作研究文章，著有《限制是天才的磨刀石——张继钢论艺术》《打开关键——张继钢论艺术》《让灵魂跟上——张继钢论艺术》。

◎ 先后获得党中央、国务院授予的"北京奥运会残奥会先进个人"以及"2005·中国十大魅力英才"、"2008·中国八大文化人物"、"2009·中国骄傲·第八届十大新闻人物"、"2010·中国时代新闻十大领军人物"、第三届华鼎奖"中国舞蹈家公众形象满意度调查第一名"、2011年"文娱十年最具影响力艺术家"、中宣部第三届全国中青年"德艺双馨"文艺工作者、2012年第十四届中国上海国际艺术节"特别贡献奖"、"2017中华文化人物"等二十多项国家荣誉称号。

有明有暗才好听

Bright and light make it nice

有明有暗才好听
——致歌唱家李双江（代《歌唱艺术》序） /002

歌声在寻找着心灵，心灵也选择着歌声
——致歌唱家李双江（代序） /007

献给祖国母亲不朽的歌唱
——《中国人民解放军音乐经典文献库·序》 /009

意象纵横，境界捭阖
——致作曲家郭文景 /011

相观歌剧
——致北京大学歌剧研究院副院长蒋一民教授 /015

物本无影，全是光之所为
——致歌唱家董文华 /023

歌唱，是生命的陶醉与诉说
——致歌唱家阎维文（一） /025

任何艺术家都是被同时代艺术家的欣赏而塑造的
——致歌唱家阎维文（二） /027

这是你的玫瑰！
——致歌唱家阎维文（三） /029

我的音乐观
——致作曲家王京荣 /031

国土有界，文化无疆
——致作曲家王京荣 /034

艺术家的远处要有一盏灯

An artist needs a lamp in the distance

寄给天国的鸿雁
——致新中国舞蹈先驱贾作光 /058

圈子里边做事，圈子外边思考
——致门文元导演 /063

一位女神就是一座草原
——致舞蹈家莫德格玛 /066

《她们很美》
——写在舞剧《李清照》演出前 /068

补上"古典"这一课
——致中央戏剧学院舞剧系主任沈培艺 /070

艺术家的远处要有一盏灯
——致舞蹈家于晓雪 /077

换个角度说说话
——致中国民族民间舞蹈考级中心于晓雪、吴海文 /08

舞蹈是人的天性
——致中国民族民间舞蹈考级中心 /095

01 —讲

02 —讲

目录 Contents

从窄门入

Enter through narrow doors

向死而生
——致视觉艺术家蔡国强先生　/100

欲得好"构成"，须从"窄门"入
——致文艺理论家张华　/104

这仅是戏子们的《戏台》吗？
——致戏剧表演艺术家杨立新　/107

戏剧是"偷窥"
——写给好友龚小奇　/112

要在舞台美术设计中找到"一"
——致舞台美术设计家龙华　/116

丹青供养
——致加拿大华裔画家李巍松　/118

摄影家的瞬间在舞动
——致舞蹈摄影家俞根泉　/121

让光荣和我们的名字写在一起
——致中国杂技团　/123

无问有人无人！
——致中国残疾人艺术团　/126

素朴而天下莫能与之争美

Simplicity excels all in presenting beauty

素朴而天下莫能与之争美
——致母亲　/132

英雄不是空壳
——致总政歌舞团老团长孙加保将军　/137

那是一个好地方
——致中国人民解放军总政治部歌舞团　/143

现实题材创作需要什么样的环境和心态
——致中华文化促进会主席王石　/153

文化中国的窗口
——致国家大剧院首任院长陈平　/156

十几年的情义
——致柳州市艺术剧院刘康院长　/162

守望麦田
——致柳州市戏剧家协会主席刘康　/164

现实题材没有错！
——致好友王建军　/168

莫要扯着后腿唱赞歌
——致好友王建军　/172

唯有艺术能让我的世界安静下来
——致好友王建军　/174

让艺术天人共鉴
——致律师周俊武　/176

03 一讲

04 一讲

序

花开的姿势

张 华

"张继钢论艺术"系列丛书的第四本《秉烛夜话》要出版了，邀我作序。一翻前三本，《限制是天才的磨刀石》《打开关键》《让灵魂跟上》都无由他人撰写的序言。我，不过是继钢许多朋友中的一个，二十多年前他首台个人作品展演《献给俺爹娘》，是我组织系列评论提出了"张继钢现象"，近年还出过一本书《创造者张继钢》，算是比较知音那类朋友吧，然何德何能，予我以如此特别的委托！

一

"在世间，你的姿势不对就一切不对。"书中一句话，我心怦然一动。是啊，"姿势"，人生的、艺术的"姿势"。

前三本书论艺术创作，《限制是天才的磨刀石》，笔力集中在"限制"，从曹植七步诗绝处逢生说起，左右展开，透露继钢的创作秘密，事情从来不是从宽处随意下手，而是要找到狭窄的"限制"，找到那精准而极致的"限制原点"，那才是通往无限风光的入口，才是到达绚丽绝顶的台阶。《打开关键》，近似庖丁解牛，锋刃所至，艺术创作过程紧要处豁然洞开——继钢的作品总能挖掘独有的灿烂，而他强调的却是宁静致远。静，方能触摸灵魂，让角色的灵魂和自己的灵魂在静水深潭下对话。"静静地震撼"深入心魄，一旦展露，则要形成持续的美，源源不断推到极致。《让灵魂跟上》，将继钢主要作品《献给俺爹娘》《白莲》《野斑马》《八桂大歌》《一把酸枣》《赤壁》《解放》《侗》、舞蹈和舞剧两种《千手观音》的导演手记，汇集成册。三本书，种种妙悟，全从继钢自己的创作过程中提炼。切身经验常常深可透骨，在人所未见的地方，一语道破，令人醍醐灌顶。其理论层次彼此映照，已然渐成自家体系。

不过，三本书，都纯粹是就艺术谈艺术，是讲堂论道。

这第四本，《秉烛夜话》，则全是给艺术家朋友的信，而且，基本上都是给最靠近身边的，甚至可以说最接近"心边"的艺术家朋友的信。还是围绕艺术创作说话，但更像促膝谈心。话题可大可小，情怀可近可远，思考须严谨而走笔可信马由缰。显然，这本书一闪身，进入了更亲切的话语私域。书信，本来就大都是与最亲近的人絮絮叨叨的私语。

古今著名文化艺术大家，常有书信集存世，有的是他们自己编辑出版，有的是友人、后辈搜集出版。《梵高书信集》让人们在"天才疯子"的刻板印象外认识到一个清醒的、表达欲强烈的梵高；《海明威书信集》六百来封信件，远比他其他作品更幽默、更狂野、更率性地袒露出作家的精神气质，种种他不加掩饰的优点和缺点不怕辣人眼睛；透过《朋友之间：汉娜·阿伦特、玛丽·麦卡锡书信集，1949—1975》，可以近距离倾听两位 20 世纪女性思想家对当代诸多大事件睿智的讨论，也能窥视到她们和多数女性一样，时常是多么有趣和八卦。当代国内流传最广的名人书信集应当是《傅雷家书》，一方面，这些从傅聪出国留学开始直到傅雷夫妇"文革"时期自杀为止父亲写给孩子的书信，在历史浩劫中经历了传奇的沉浮；另一方面，书信中傅雷对孩子的谆谆教诲既深切又充满着浓浓的亲情温度。两方面合在一起，总让捧读者感慨万端……

书信私域话语，显然更能看到写信者个人的真实"姿势"。不仅是艺术的"姿势"，更是人生的"姿势"。《秉烛夜话》，继钢选择集结了若干封与朋友交谈艺术的书信，与前三本对照，角度、语境、文字气息，显然有了微妙的不同。

体察于斯，大约顺理成章了。恐怕是觉得我比较接近他的私域话语，所以继钢选我来作序。

继续讨论艺术问题，信里珠玑金句俯拾即是，大家读他的书便是。要我来作序，着力处，应当是尽可能透过这些信，勾勒出私域话语境地里张继钢更本真的艺术"姿势"和人生"姿势"。

二

在《创造者张继钢》一书的结尾,我有段话:"艺术家,是人类的精神之花。天才的艺术家,是人类只开一次的精神之花。他将某种独特的绝美梦幻创造出来,带给世界。这样的梦幻,他来之前世界尚未有过、他走之后世界不会再有。"我认为,就艺术创造而言,张继钢,就是我们身边这样性质的一树精神之花。

在《秉烛夜话》里,继钢与一个个"心边"的艺术家促膝夜话,私域的交心话语,让我们可以比较贴近地看清,继钢这树精神之花是怎样一种摇曳的身姿。

关于歌唱,他与李双江、阎维文这样说:

> 不是所有人的歌声都能穿越时空,被你的心灵珍藏,因为,不仅是歌声在寻找着心灵,更是心灵在选择着歌声。
>
> 一个真正的歌唱家,首先是能够面对自己的真诚。赤子的歌,是唱给内心世界的天、地、山、川。这是我的歌,也是忘我的歌!

从讨论音乐发散开去,他与作曲家郭文景、王京荣切磋道:

> 音乐有着自己的品格和尊严,不全是站在集市上供人们评头论足的商品,有些音乐就是自己写给自己听,不是站在广场上和人们一起听,是自己的灵魂袒露,是俞伯牙自己的"志在高山""志在流水"!
>
> 不安静就不是艺术,那是娱乐,人总是要安静下来!泰戈尔说,"不要试图填满生命的空白,因为音乐就在那空白的深处",我深信,"淡淡的忧郁"藏在了"空白的深处"。
>
> 作品如一棵树,根脉不要老让人看见,其精髓要尽快通过树干到达树冠,树冠面积大,在风中摇曳歌唱,是精神,是人类的共鸣。
>
> 宣教题旨明确,就难免概念化、空洞化,只能唱给"场合",不能

唱给"自己",不会代代相传,更不会影响世界。

　　唱给梦里的歌才能不翼而飞,唱给自己的歌才能回味无穷。

　　我十分喜欢内蒙古和西藏民歌,它们共同的品质是悠远苍凉,这两个地方都是地广人稀,歌是唱给天,唱给地,唱给孤独的。(歌唱时)"无问有人无人"。

他看完话剧《戏台》,给杨立新写信表达他对戏的解读:

　　戏中没有一个人物是稳定的,每个人都活得心惊肉跳七上八下,唯有"爱"还在坚持!……所有的表演都是人物自己生长出来的东西,无论是大嗓儿还是侯班主,无论是洪大帅还是金啸天,小人物说大就大了,大人物说小就小了。还有那吴经理、六姨太、狗鼻子卫队长、男旦凤老板、帮头、秘书等等,有钱的靠钱,有色的卖色,有权的使权,有势的仗势,有名儿的就客大欺店,无名儿的就任人摆布。小小的后台储藏着神圣与龌龊,预示着角色的角色"出生"前台的光鲜与人物的人物"入死"后台的肮脏,这让我想起张爱玲的话:"生命是一袭华美的袍,爬满了虱子。"

继续探讨戏剧,他写信给龚小奇,丝丝入扣地解析"掀起门帘一角的偷窥"这一比喻:

　　艺术来自孤独。编剧是首先掀帘之人,他进到"密室"思考并决定着屋里几人、物件几许,安排他们发生些尽可能稀奇古怪的事。导演是第二位掀帘之人,唆使随他进入屋里的那几人把事闹大,摆布那几许物件直至折腾到天翻地覆。进到门里的演员就死了,角色却活了,出了门外的演员就复活回原形,而角色却永远留在屋里了……"偷窥"使看戏的人们都仿佛睁开了上帝的慧眼对人间洞察秋毫,同时,戏剧又在人们的内心播种了善良，生长出正义的价值观和崇高的家国情怀。啊呀！这个"窥视"，原来却是如此的光明正大，俨然替天行道啊！

很多人都看过蔡国强的焰火作品《天梯》，读过继钢给蔡国强的这封信，你才会看到继钢感悟的深沉：

> 我一直在内心追问——艺术究竟想点燃什么？《天梯》像生命夜空里的一道光，这光，有一种神力，即使面对"幻灭"，它还是那样勇往直前！最后一点光焰熄灭了，但内心的光点燃了……这令我想起《圣经》开篇所言："神看光是好的，就把光暗分开了。"……梯子是给人准备的，只见梯子在向天空延伸，人呢？……梯子已成符号，是向上攀登的符号，"天梯"燃烧着向黑夜的天空前进昭示了不屈的意志；妙在庄严感……妙在仪式感，《天梯》是献给奶奶的作品……"天梯"灿烂就是奶奶的灿烂，"天梯"怒放就是奶奶的怒放！……艺术美感唤醒了生命美感，也点燃了生命庄严！

看过画展《丹青供养》，继钢在给画家李巍松的信里说：

> 我顿悟，你工笔的一笔一画就是修行，是独自游走在山水花鸟中的修行，是在"菩提树下"的修行。我问你：画展名称是谁起的，你说是你自己，这就对了，这次画展的题材主要集中在宗教人物和山水花鸟。《丹青供养》，不是音乐，也不是文学，是画家的绘画供养，是修行积德、弘扬礼赞……

书中精彩的言说很多，我特别举出上面这些，是因为从中可以看出一条清晰的红线。每封信，写给不同的人，谈着不同的艺术种类或艺术事件，但是，不管什么论题，继钢和这些他的"心边"人的恳谈，总会贯穿这条红线——

在继钢而言，艺术创作首先不是表演，而是感动，是"孤独地"面对"我"自己的真诚感动。无问有人无人，首先对着自己的灵魂歌唱，一切真正的、高贵的艺术之美正是于此才源源萌生！

这条红线，从源头到旨归，我尝试概括成两句话：

若无宁静独处倾听本心，安得无声惊雷人类共鸣！

这不仅是艺术创作的"姿势"，也必须是继钢的人生"姿势"。由是生，方能由是感由是悟；由是感由是悟，方能由是艺术表达。

公共形象上，继钢是当今中国主流艺术家，舞台艺术创作大师，高等官方艺术机构领导者。他的自我期许也洋溢着伟大的使命感，"希冀成为祖国的文化标识"。这些华丽，在"场合"、在"殿堂"，大家都看得见。只是在《秉烛夜话》的私域话语中，后面那条红线才持续地，甚至是顽强地往外显露，这让我们看到，关于其艺术创作的本源起点，继钢强调的首先是"我"，是我的真诚，我的"孤独"，我"宁静独处倾听本心"的感动和感悟。

说实话，我更喜欢继钢这样的"姿势"，走出殿堂，褪去藻饰，促膝斗室，真谛素朴。不知读者诸君然否。

三

人是自然的产物，也是自然的一部分。回归自然，就是回归人自我的本真。回归自我的本真，绽放的艺术之花，才是真实的精神之花。仿真的假花再绚丽再逼真，终究是假花。

熟悉继钢的朋友都知道，继钢艺术才华的天然禀赋，主要来自母亲的基因和影响。母亲的天然禀赋，始终是继钢生命的深层潜流。母亲去世后，继钢写信给走向天国的母亲：

> 我每天都在想她，她的离开人间是回归自然，所以，我在大自然中总能找到她……

信中继钢还对母亲说：

　　唯有艺术能让我的世界安静下来。

　　宁静独处，倾听本心，艺术之灿烂由此而出，人生之安宁由彼而至。《秉烛夜话》打开一道门缝，我们看到了继钢这一树精神之花的艺术"姿势"与人生"姿势"，那是像母亲总是把最好的给予孩子一样自然的"姿势"，那是真实的"花开的姿势"……

　　《秉烛夜话》于是乎不同于前三本"张继钢论艺术"系列丛书，它需要"孤独"地夜读，宁静中或许能听到灵魂的对话。是的，此刻夜已深。憋了一冬天没下的雪，在春花绽开时节骤然而至，春寒料峭的斗室里，我仿佛听到了雪花落地即化的声音……

秉烛夜话·张继钢论艺术

01 部分

BRIGHT
AND LIGHT
MAKE IT NICE

有明有暗才好听

唱艺术永远离不开人生况味
——如诗如画才动人，有明有暗才好听

ZHANG
JIGANG'S
ART
THEORY

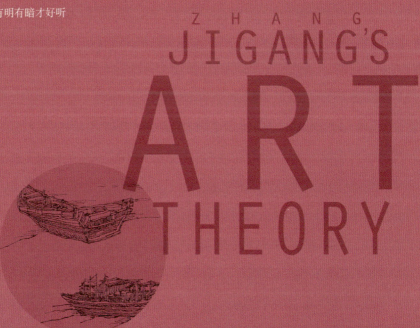

有明有暗才好听
——致歌唱家李双江（代《歌唱艺术》序）

为双江主任的《歌唱艺术》作序很难，因为我说不出声乐方面很在行的话……

一

我的小学老师形容一位学生唱得好说："那嗓子特别尖，像只百灵鸟！"我们宣传队给老乡们演出时，那嗓子一亮老乡们就欢呼，也是因为"那嗓子特别尖，像只百灵鸟"！我到山区采风听农民歌手唱歌，他吼一嗓子就把我震住了，使我耳鸣心悸，真的是因为"那嗓子特别尖，像只百灵鸟"！

如此，"嗓子尖，百灵鸟"，就培植在我的心中，成为衡量唱歌好坏的标准。

歌声的美难道是因为"尖"甚至"尖锐"吗？为什么某些民

李双江，男高音歌唱家，声乐教育家。解放军艺术学院音乐系主任。代表作:《北京颂歌》《我爱五指山，我爱万泉河》《党的阳光照耀祖国》《拉着骆驼送军粮》《再见吧，妈妈》等，2009年获得"人民喜爱的艺术家"荣誉称号。

族唱法一定要像百灵鸟呢？难道"人"的唱歌发声涉及仿生学？

其实，还有一种声音长久埋藏在我的心底，因为怕行家笑话不敢对人说，那就是：尖嗓子不好听！尖嗓子能冲进耳朵，但送不进心里！

二

为写这篇文章，我一个下午都听着双江主任的歌，他的歌声笼罩着我，让我的思绪既可以追随着他的歌唱，也可以游离开他的歌声……

好听的歌声总是那般从容，从不大喊大叫，也不眉飞色舞。所以，双江主任的歌能走进我们的心里，驻扎在我们的心间！

这个歌唱的下午是那样的美好，充满了诗意。既是李双江的，也是我自己的……

三

显然，个人奋斗与团队奋斗有着质的不同。

从一位歌唱家到一位好老师，是双江主任生命领域的一次转折，也是人生境界的一次跨越。

当了老师以后，他面对学生倾其所有、尽其所能，像母亲一样循循善诱，像父亲一样严厉斥责，像兄长一样关怀呵护，像战友一样鼓舞激励！

当了主任以后，为了军旅声乐的发展，为了音乐学科的建设，为了提高教学水平和人才培养质量，他殚精竭虑、呕心沥血！为了团队的荣誉，他可以像雄狮一般不顾一切、勇猛冲杀，更可以放下"身段"，像"乞丐"一般四处求援！

他是一位歌唱家！也是一位好老师！还是一位实至名归的教育家！

四

双江主任"见不得"艺术家，因为，凡是艺术家他都赞美！这是知音！当然也是胸襟！

双江主任"见不得"具有艺术潜质的年轻人，不论是学音乐还是学舞蹈的，是学文学还是学戏剧的，只要有天赋，他都能热情力荐！这是伯乐！当然也是责任！

五

图书馆系列学术活动被誉为军艺的"学术节日"。

每个星期三的晚上，军艺校园里总是灯火通明，这个晚上名家荟萃、学术纵横，深深吸引了军艺学员和北京各高校的学子。令我惊讶和敬重的是，在每一期的学术讲座中，在众多的学子里总能见到一位学者，他，就是求知若渴，虚心若愚的双江主任！

六

我想,刚当兵时的李双江也没有想到,几十年后的他能成为享誉世界的大歌唱家,但当个好兵,他一定想到了,而且做到了!

他的武器,就是歌唱!他的歌,不仅能让人端起美酒,还能让人拿起刀枪!

战士的歌唱就是奉献!所以,《我爱五指山,我爱万泉河》;

战士的歌唱就是召唤!所以,《红星照我去战斗》;

战士的歌唱就是挚爱!所以,《北京颂歌》;

战士的歌唱就是牺牲!所以,《再见吧,妈妈》!

歌唱崇高,其使命就不是只为燃烧一个人,而是要燃烧亿万人!几代人!战士李双江的歌声镌刻了时代乐章!

歌声优美,其魅力能让歌声"生长"在人们的心坎里,能穿越肤色,能抚慰心灵!歌唱家李双江的歌声传达了至真至善至美!

所以——

国土有界,好歌无疆!

七

常听人们形容歌声好听是具有磁性。磁性的声音之所以有吸引力,是因为宽广还能丰厚,明亮而不苍白;高贵还能素朴,豪华而不肤浅。

双江主任的歌就是这样!

从来艺术上品都充满着诗意。诗意就是一种唤醒,唤醒人们潜意识中沉睡的人性;诗意也是一种抚摸,抚摸人们曾经坎坷的心灵。

我想,歌唱艺术永远离不开人生况味——

如诗如画才动人,

有明有暗才好听!

2010 年 9 月 10 日

歌声在寻找着心灵,心灵也选择着歌声
——致歌唱家李双江(代序)

双江主任:

你好!

我不懂声乐,却要为歌唱家写序,而且还是为享誉海内外的一代歌王写序,内心着实诚惶诚恐,想了好几天才凑成如下文字,供你审度。

没有一个人能把这个世界上所有的歌都听过,因为,有很多歌不属于你。属于你的歌,一定伴随着你的童年、少年和青年的成长。

上个世纪60年代以来,一个金子般的男高音用他的歌声,镶嵌着我们金色的记忆,闪耀着我们青春的年华。

不是所有人的歌声都能穿越时空,被你的心灵珍藏。因为,不仅是歌声在寻找着心灵,更是心灵在选择着歌声。

上个世纪60年代以来,一颗燃烧的心,用他的歌声滚烫了亿万人的心灵。

双江主任是歌唱家,还能培育出歌唱家;以声情并茂的嫁接转移,推动学问经验的传承发扬。更难能可贵的是,他率领的园丁,竟一手剪出"姹紫嫣红满园春"。

他是军人,一路唱着英雄的歌;他是军人,一直唱响时代的

歌；他是军人，当然要为我们亲爱的党、伟大的祖国和人民永远高歌！用他金子一般的歌声，为中华人民共和国六十华诞献上一份滚烫的厚礼！

2010 年 10 月 7 日

献给祖国母亲不朽的歌唱
——《中国人民解放军音乐经典文献库·序》

双江主任：

您好！

您交给我的任务实在是太沉重了，面对案头一摞《中国人民解放军音乐经典文献库》校样，我感觉任何文字都难以托举起这样一段伟大的历史，真难写，看来您是在考我。同时，对编撰这套音乐经典文献库的学者教授们表示由衷的敬意和钦佩！

波澜壮阔的历史已经平静了，远去了，但音乐能让历史上的人物站起来，事物活起来，而且是一直鲜活地站着活着，并持久地影响着当下和未来。

这里的每个音符都饱含着血泪，是苦难史；每个词汇都诉说着光荣，是纪念碑！

这里用不朽的音乐，永远收藏着中国共产党的光辉历史，收藏着中国人民解放军的英雄岁月，收藏着中华儿女的觉醒、呐喊、奋斗和牺牲，收藏着中华民族的屈辱、愤怒、抗争和解放！

这里是"冒着敌人的炮火前进"的人们才能写出的歌，这里是"背负着民族的希望"的战士才能写出的歌！

这里是不朽的精神歌唱。在过去的那个时候，是唤醒、号角和奋斗；在今天的这个时候，依然是唤醒、号角和奋斗；在未来的那个时候,也还是唤醒、号角和奋斗!

献给祖国母亲的歌是天底下最美的歌!

献给祖国母亲的歌是永远唱不完的歌!

2010 年 12 月 11 日

意象纵横，境界捭阖
——致作曲家郭文景

文景：

你好！

昨晚，彻夜难眠。我脑海里始终回荡着郭文景交响声乐作品音乐会《天地的回声》……

郭文景的"李白""李煜"以及《庙会》和《北京城》等独具高格、各具特色，每部作品都有重量。诗、画、乐意象纵横，天、地、人境界捭阖！

我尤其感佩你的空间思维。这一点很多作曲家不具备，一般来说只会线性思维，不会空间思维，这和"横"的旋律与"竖"的配器是两个概念。我觉得，艺术的空间思维指时空，是"道"的层面，是"思接千载，视通万里"[1]的情怀与境界。空间思维必须有借助，古往今来或借助典籍史册、或借助诗歌绘画，纵横南北或借助金石丝管、或借助图腾民俗。修养不深厚很难身临其境

---

[1] 源自刘勰《文心雕龙》，"故寂然凝虑，思接千载；悄然动容，视通万里"。

郭文景，中央音乐学院作曲系主任，教授，博士生导师。代表作：室内歌剧《狂人日记》、交响乐合唱《蜀道难》、交响曲《b小调英雄交响曲》等。

于大唐风月，功力不老到也难把唐诗转化为"唐乐"。欣赏音乐的人可以不懂作曲技法，但能懂其意象是不是作品所指向的时空。清代姚燮的乐思与唐代张若虚的诗境，之所以能够在《春江花月夜》里融会贯通，空间思维起了不可或缺的作用，张之诗境是"春、江、花、月、夜"，姚之乐思不但需要"春、江、花、月、夜"，还需是唐代的，是张若虚诗的，是音乐的。他们虽然隔代，用的语言材料也不同，但毕竟同宗同脉，相对来说更容易实现钱锺书说的"感官挪移"的"通感"。然而，用西洋乐器表现中国唐朝的意象，仅乐器音色就与中国古代风貌格格不入而难以相融，尽管有京剧小生思接千载的"唐风"和民族竹笛视通万里的"唐月"，其境界难度也不是仅凭技法就可抵达的，而阁下做到了，令人拍案叫绝！

学习作曲的学生以及许多作曲家历来看重技法，以为技法至上，甚至在"术"的层面皓首穷经，岂不知创造经典往往功夫在诗外。宋代有位禅宗大师提出参禅的三重境界：参禅之初，看山是看山，看水是看水；禅有悟时，看山不是山，看水不是水；禅中彻悟，看山仍是山，看水仍是水。如果只在技法上用力，"看山仍是山，看水仍是水"就成了"蜀道之难，难于上青天"！

《蜀道难》的川西高腔石破天惊，《北京城》里"高高的城墙厚厚的门"的女高音声部气冲霄汉，《庙会》里老少爷们儿的"穷快活"，《夜宴》里亡国之君"一江春水向东流"的哀怨，无不栩栩如生，如诗如画！特别是在《天地的回声》中，汉传佛教与藏传佛教的符号交织运用，不仅使人置身苍穹看见道道彩虹的大自然，也能看见众生的内心安定与目光澄澈。在听这段音乐的时候，我不由得想起"在这阳光普照的山冈上，一步一天堂"的诗句。然而，我觉得美中不足之处，是《诗人李白》中李白与月的"白"如能行腔走韵低吟浅唱，则风格不会割裂且意象更融合。

另外，昨晚的曲目搭配稍显紧张有余而舒缓不足，难免使观众有身心疲惫之感，其中一些作品密不透风，好处是有一种强大的磁力，令人不得不关注每一个音符，每一个乐句，每一段配器变化，但可能带来的结果会使欣赏者一直处于压抑和思考之中。音乐可以"哲学"，也可以"科学"，但最好也能"理性"出一点温暖，"秩序"出一点情感来。

昨晚的音乐会多少使人有些累，除曲目搭配不够张弛有度外，恐还与过于"描写"有关。听者似乎一直站在外边，隔着墙"客观"音乐的冷峻，想进进不去，"主观"不起来，或说"我"不起来。佛家讲入世出世，我体会入世是"我们"，出世是"我"，是我的灵魂回归。尤其是声乐作品，"我"多么想歌唱，歌唱"我"的灵魂啊！王国维所说"高树晚蝉，说西风消息"虽格韵高绝，然如雾里看花，终隔一层，"池塘生春草""空梁落燕泥"，妙处唯在不隔。

笼统说缺少情感恐还不是全部症结，然音乐状人状物虽生动逼真，但"描写"过多，缺少了一点点停下来，让人喘口气，或许是有的。喘口气抒情，停下来"旋律"一下情感，能缓解紧绷的神经，且不会影响"学术"的清高与技法的纯正，反而会峰回路转、柳暗花明……

　　文景，整场音乐会似写"别人"多了一些，写"自己"少了一些，如此，难免要对描写的对象悉心揣摩、具象描摹。音乐有着自己的品格和尊严，不全是站在集市上供人们评头论足的商品，有些音乐就是自己写给自己听，不是站在广场上和人们一起听，是自己的灵魂袒露，是俞伯牙自己的"志在高山""志在流水"！其实，我是多么期待在"画廊"里多看到几幅《郭文景》啊，哪怕无词，仅为哼鸣……

　　以上仅为学习心得，不妥之处，望仁兄海涵并斧正！
　　此致
敬礼

张继钢
2016 年 9 月 7 日

相观歌剧
——致北京大学歌剧研究院副院长蒋一民教授

一民：

你好！

张继钢工作室的"读书星期天"以前也办过几次，大多是几位好友聚在一起读书，你读累了他接着读。读物也是针对即将要面对的创作题材的相关书籍，读累了就讨论，然后再接着读。这种读书因为有讨论所以十分有益有效。有时也多少觉得"读书星期天"很各色，大礼拜天，一伙人凑在一起把"社会"关在门外，学子同席有模有样，这与所处的这个十分物质和实际的当下很不搭调，有时也动摇过，心想算了，就顺时随俗地停止了一些时日，但还是不行，总感觉不对，坏了，可能不是世风日下，而是我们自己真出毛病了。然而，停不下来了，因为物质的获取是一

蒋一民，北京大学歌剧研究院副院长、教授，中国艺术研究院兼职教授，奥地利因斯布鲁克大学音乐学研究所特聘教授。旅德歌剧史研究专家，德国拜罗伊特大学音乐学、歌剧学和哲学三个专业组合的哲学博士。代表作：论著《音乐美学》、《音乐美学导论》、《现代美学体系》（合著），论文《攻坚克难，开辟中国歌剧创作新局面》《歌剧在中国的机遇和挑战》《中国歌剧通向世界舞台的两难处境》《新前卫艺术与中国的先锋派音乐剧》《中国歌剧需要找到自己的世界形态》等。

时的获取，精神的得到是永恒的得到！

　　感谢一民！是你使我们的"读书星期天"从"野史"走向"正传"。真正的"读书星期天"从你连续十讲的《歌剧巡礼》开始了，我生怕怠慢了阁下和大家，所以全家五口人"上阵父子兵"了，太太为课间小憩购买点心咖啡，女儿女婿找资料听课做笔记。五岁半的外孙女也来听课，听懂听不懂不重要，重要的是她喜欢你们谈论艺术的氛围。还有身边的一伙人王建军、谷亮亮、梁华启、陈小彬、鲍玉磊、李革等，他们都为"读书"的顺利进行做了很多不声不响的工作。当然，要特别感谢主办人之一的作曲家王京荣，以及华夏之根艺术团提供的必要支持，不然，"读书星期天"会举步维艰……

　　你的课一石激起了千重浪，大伙儿反映受益匪浅。其实不用他们反馈，我的内心感受更真切。

　　《歌剧巡礼》使我们经历了歌剧四百年，不仅看见了歌剧的萌芽和生长，也再次看见了西方芭蕾和管弦乐的成长。

　　——首先穿越时空来到了意大利文艺复兴的晚期，身临其境般加入了佛罗伦萨"卡米拉塔研究小组"，同他们围坐在一起谈论艺术的意义，也就是在这里萌生了"歌剧"这个主意。记得丹纳在《艺术哲学》中曾讲过，那时的佛罗伦萨富足、闲适，人人尚美，连马车夫在街上看见几处房屋都会脱口而出："啊！好美啊！"接着我们又来到了威尼斯，走进了第一座商业性的歌剧院——圣卡西阿诺剧院，接着又走进了巴黎、伦敦、柏林、维也纳……感受了第一批伟大的歌剧《奥菲欧》《波佩阿的加冕》，并结识了它的作者蒙特威尔第以及扶持他的贡萨卡家族；认识了法国"太阳王"路易十四和皇家音乐学院的首任院长吕利，了解到"没有舞蹈就不是法国歌剧"（蒋一民语），芭蕾舞也就此真正诞生了；见识了拉摩在歌剧中提升了管弦乐的地位和作用；惊叹于音乐大师亨德尔的三幕歌剧《里纳尔多》，一遍又一遍地聆听了阉人歌手的著名咏叹调《让我哭泣吧!》，结识了天才诗人和歌词作家梅塔斯塔西奥；令我特别钦佩的是格鲁克的改革歌剧的精神，是他结束了歌剧没有导演的时代，诞生了新歌剧；我过去一直以为西方歌剧没有对白，走近莫扎特和约瑟夫二世以后才恍然大悟，"没有对白就不是德国歌剧"（蒋一民语）；很吃惊贝多芬只有一部歌剧《菲岱里奥》；当然也非常遗憾伟大的作曲家舒伯特没有完成过一部像样的歌剧，但是即便如此也没有影响到他的光芒万丈；让人痛心的是有几位天才的作曲家都是在伟大的作品诞生不久就英年早逝,《奥伯龙》首演后的韦伯、《卡门》首演后的比才即是；万万不能忘了去看看才华横溢的柏辽兹！斯蒂芬·佩蒂特说："他写的词显示了出众的才华，无论是用于商业目的或用于评论和指教都极为有效。他的配乐也具有一种完美无瑕的灵敏。如果你想验证此点，就去听一听他为戈蒂埃的诗歌谱写的声乐套曲《夏夜》。"[1] 如果再翻翻《柏辽兹回忆录》，你会被"将激情与朴实交织在一起"的柏辽兹热情拥抱，融入他那滚烫的时代。让我们通过罗西尼的《塞维利亚理发师》《奥赛罗》来

---

[1]〔英〕斯蒂芬·佩蒂特著，韩颖译：《速成读本：歌剧》，生活书店出版有限公司2014年版，第52页。

感受伟大的古典歌剧时代的结束吧。坦率地说，柴可夫斯基是我最喜欢的作曲家，这不仅仅是因为芭蕾舞剧《天鹅湖》《胡桃夹子》《睡美人》，还因为歌剧《黑桃皇后》，还因为《第一钢琴协奏曲》，还因为……算了，太多了，说不过来！音乐界普遍认为最重要的三位歌剧巨人是威尔第、瓦格纳、普契尼，听着《纳布科》里的著名合唱《飞吧！思想，乘着金色的翅膀！》，你就会在内心情不自禁地喊出——威尔第万岁！看瓦格纳的作品就是看人生，作品很长很累，对，人生就很累！从他开始旋转乾坤——导演主宰歌剧的时代真正彻底来到了！稍微关心歌剧的人都会知道《波西尼亚人》《托斯卡》《蝴蝶夫人》《图兰朵》，这几部经典的作品出自"情到深处"的同一个人，你说，这个人是不是经典！普契尼是不是伟大！

让我们暂且喘口气，从西方回到东方，回到祖国，尽可能客观地对东西方歌剧进行一番比较和审视，目的当然是为了更好地发展我们中国的歌剧事业。

一个人看自己容易看到优点，看别人容易看到缺点，民族文化要发展，最好是能够擅长看到别人的优点同时重视自己的不足。所有事物都是如此，认识不到问题，就谈不上解决问题。

大略地看，过去的中国民族歌剧，题材都是革命的，西方人比较难懂，但歌曲好听，是中国戏曲板腔体的歌曲化，有板有眼有滋有味，其影响力在中国几乎家喻户晓。但由于故事内容西方人比较费解，所以这类歌剧真正彻底地走出国门移植海外是有着相当难度的。

现在的中国歌剧，题材不受限，但音乐不中不洋，听起来怪怪的，像媚洋俗的假洋鬼子，如同文化的"香蕉人"。其结果往往不出所料，是圈子里的自娱自乐，甚至只是自己的剧组欢呼而已。不仅国门很难迈出，连在自己生于斯长于斯的土地上都几乎无声无息。

让我们再说说歌剧题材，看看国内业界的创作观念里是怎样面对题材的。

题材对于歌剧创作的重要性不言而喻，但是，题材的重要性被强调到不适当的位置是不懂艺术规律的表现，是有害于艺术生产的。要承认艺术不是万能的，这里有必要首先分清楚题材和故事的区别，题材是领域范围，故事是具体的独特的曲折的生动的。艺术家往往不重视题材、重视故事是有一定道理的，也是符合艺术生产规律的。如果说人性是人道，那么规律就是天道！

写到这里我在想，艺术究竟为什么而存在？为什么东西方的文化观念差异如此巨大？

你看：

西方歌剧最美的时候往往是人物最孤独、最纠结、最痛苦、最悲伤、最无奈、最无助的时候。但这在中国是不可思议的。

又如，东方歌剧的高潮往往结束在"理"上，而西方歌剧往往结束在"情"上。我觉得，在宏观的艺术哲学层面西方比东方深刻。

再一个是向里向外的问题，或说是向内向外的问题，西方高潮向内，东方向外。

西方在乎人性，中国在乎社会性（积极意义、光明面）；西方重"情"，东方重"义"（正义、义举等）；西方的崇高极其复杂，东方的崇高极其彻底。

西方七情六欲，中国四大皆空。就"情欲"而言，西方人视为"健康"，东方人视为"龌龊"，"龌龊"，就是不能对人讲，更不能歌唱了，所以，西方有"情人节"，中国有"贞节牌坊"。

下面，我们也不妨看看西方歌剧的不足。

在我看来，"综合"是歌剧艺术的最大优势，但无论是"没有舞蹈就不可能有法国歌剧"（蒋一民语）的法国歌剧，也无论是"没有对白就不是德国歌剧"（蒋一民语）的德国歌剧，其"综合"的质量都是有严重缺陷的，或者说均有明显的裂痕，各种不同的艺术语言之间没有做到你来我往水乳交融。彼此的艺术语言仿佛焊接，抛接传递十分生硬，八仙过海各显神通，有一种纯粹为了各自展示的感觉，其艺术关系不是在一个气场下的你中有我我中有你。就艺术关系的问题，我在导演歌剧《洪湖赤卫队》的时候也下过很大功夫，然而收效甚微，主要原因是剧本中的对白和唱段不在一个成体系的美学范畴所致。在创作歌舞剧《白莲》时这个问题就解决得好多了，从剧本入手，对白简练语言诗化是一个方面，所有角色任何时候在台上都有"姿势"和"气象"，基本达到了诗、乐、舞的高度融合。我们知道，融会是为了贯通，贯通就必须融会。既然讲综合，艺术关系就是一道绕不过去的坎儿。在这个问题上，歌剧的师父当属中国戏曲，唱、念、做、打、手、眼、身、法、步，气场之统一之强大使所有的艺术语言都在韵里。

当然还有虚实关系,中国戏曲垂范三界亦是当之无愧!

在西方歌剧史上真正有了导演,是从以格鲁克为代表的歌剧改革开始、以瓦格纳的统揽奠定的,你看,乐队让位,乐池从舞台平面降到了下面;歌唱家让位,演员必须服从角色;作曲家也需让位,当然,前提是剧作家必须能够创编出适合音乐发挥的剧本。歌剧在它自身曲曲折折成长的路上,经历了从"歌唱家歌剧"到"作曲家歌剧"和"指挥家歌剧",再到"导演制歌剧"的历程。在歌剧艺术中究竟谁说了算?是角儿说了算?是作曲家说了算?是指挥说了算?还是导演说了算?在四百多年的歌剧发展脉络中我们可以看得比较清楚了,最终是由导演说了算的。因为,歌剧是综合艺术。

如今,角儿说了算的前提条件是,要演的作品已然是经典;作曲说了算的前提条件是剧本好,指挥说了算的前提条件是什么?我还一下找不出,导演说了算的理由最充分——

1. 歌剧相对其他艺术门类而言最具综合性,导演的作用是综合;

2. 作品需要领航人宏观判断,整体驾驭,导演是舵手;

3. 歌剧创作的所有工序有如链条,导演是生产链环环相扣的总监护;

4. 处理好艺术语言在作品中的彼此关系,使其发挥出既有各自独有的魅力,又有综合的整体威力("威力"二字是从你那里学来的),导演是总设计;

5. 综合最需要"杂家",导演是什么都懂一点什么都懂得不彻底的"杂家";

6. 塑造形象是包括歌剧在内的所有艺术的使命，导演只忠于形象！在创作领域既重视挖掘和发挥各行当的职能，又警惕和避免以偏概全。

理由还有很多，就不赘述了。

由于歌剧的主要特征是歌曲和音乐，很容易被理解为当然要由歌唱家或作曲家说了算，那么，这就为"客大欺店"留出了空间。

还应该说点啥呢？"读书星期天"——《歌剧巡礼》十讲，从3月至7月横跨五个月，纵横四百年，这期间我又拜读了几篇阁下的文章，联想到眼下国内的艺术评论队伍，实在令人扼腕！像一民教授这般求实求是、客观严谨的治学精神，寻宗觅源、刨根问底的钻研态度实在是罕有！尤其是你的讲座，史中见诗，诗中见史，多为客观，偶有主观，城池有界，褒贬有度，给人留下不是参考而是可信赖的"教科书"级别的强烈印象！

再过一天我们又能见面了，是你《歌剧巡礼》的收官，让我代表本次"读书星期天"的所有学人，向你表示深深的感谢和诚挚的敬意！

古人云，相观对治，方便法门。歌剧之门于我可进可出，不论进出先得法门为要！

谢谢你！让我走近了歌剧！

此致

夏安！

张继钢

2018年6月29日深夜

物本无影,全是光之所为
——致歌唱家董文华

华子:

你好!

人的一生所听歌曲很多,但只能哼唱出几首。

好歌总是这样,能听唱出自己的生命感受,无论是曾经的丢失或拥有,无论是对明天的期待和祝福。静静地、默默地唱;静静地、默默地听;静静地、默默地想和细细地品味生命的温馨……

人生如同一枚橄榄,咀嚼了多少苦涩,才尝到如许甘甜;人生如同一卷诗书,见识过天高地厚,才知晓甘苦合一是美。如此说来,董文华的新歌,歌如人生!

这些歌里没有热点只有平凡,但却收藏着人的灵魂。歌里仿佛有你、有我、有他,又仿佛无你、无我、无他,使人在熟悉而又陌生的境界中,向远,不守边界;向善,不拒细小。

董文华,女高音歌唱家,中国人民解放军总政治部歌舞团一级演员。获文化部"文华奖"和中宣部"五个一工程"奖、全军文艺会演特别贡献奖、"最佳民歌演唱奖"等,2009年荣获"人民喜爱的艺术家"称号。代表作:《十五的月亮》《望星空》《血染的风采》《春天的故事》《长城长》《今天是你的生日,中国》等。

歌里有好人、好景、好诗、好画，浓浓的情感却淡淡地述说，没有造作，排斥雷同，蔑视低俗，剔除肤浅，真挚的情感吟唱出独特的壮丽篇章！

董文华是歌者，是站在精神高地的歌者！

你听，《望星空》《十五的月亮》《春天的故事》……这些歌让"祖国"和"民族"距离每一个人很近很近；你看，战士的歌百姓传唱，部队的歌社会盛行。祖国处处洋溢着人民子弟兵的自豪和光荣，旗帜鲜明地颂扬着献身国防的神圣和崇高！

董文华应该感谢谁呢？是天赋吗？不，是生活之光！因为，物本无影，全是光之所为。正可谓："好山万皱无人见，都被斜阳拈出来！"

这些歌我想听，因为仿佛是听见了自己……

此致

敬礼！

张继钢
2003年8月2日

歌唱，是生命的陶醉与诉说
——致歌唱家阎维文（一）

小阎：

你好！

提笔为你写序，你我一同成长的四十年在我的脑海里回荡，这些文字不知你以为如何，读来，我却感慨万端……

十一二岁时，我和阎维文就开始一同正规学习芭蕾舞、古典舞、民间舞，一同学习、工作、玩耍……

他是个平凡的人，后来很不平凡，因为亿万人都知道了他的名字。

十一二岁时，阎维文的主业是舞蹈，副业却是在走廊、练功房、洗澡间放声高歌……

我们不嫌他烦，因为他的歌多少还能听。谁曾料想，这一听就是四十年，不仅在中国大地，而且在亚洲，还在亚洲以外的地方。

阎维文，男高音歌唱家，中国人民解放军总政治部歌舞团一级演员。曾获"中国唱片金碟奖""五个一工程"奖，"全国影视十佳歌手""全国听众最喜爱的歌手""军旅歌曲大赛特殊贡献奖"等。代表作：《小白杨》《说句心里话》《想家的时候》《母亲》等。

人生总是有梦的，他听从了内心的召唤，朝有梦的方向行走，说不清是歌唱引领着他，还是他引领着歌唱。

　　歌唱，是生命的陶醉。守望内心的寥廓，将所有的天然禀赋绽放！一个真正的歌唱家，首先是能够面对自己的真诚。赤子的歌，是唱给内心世界的天、地、山、川。这是我的歌，也是忘我的歌！

　　歌唱，是生命的诉说。打开自我的封存，将全部的生命激情点燃！一个真正的歌唱家，还应该是能够播撒爱与光明的使者，让内心的至真至善至美，抵达和轻触人们的心灵，抚慰和照耀无数的人生。

　　这一天，我一遍遍倾听着阎维文——我熟稔的朋友，在那广场般通达、透亮、澄澈的歌唱中，在那歌唱蕴含的赤诚丰沛的情感中，在那情感传递的力量、温暖和爱之中，我又一次真切地感受到，阎维文，他生命里浓酽的陶醉与深情诉说……

　　此致

敬礼！

张继钢

2009 年 7 月 25 日

任何艺术家都是被同时代艺术家的欣赏而塑造的
——致歌唱家阎维文（二）

小阎：

你好！被邀请出任你个人演唱会的总导演，我感到十分荣幸！整个创作团队围绕演唱会工作已近一年，因为要面对艺术家的塑造和塑造艺术家，其间我就"阎维文"究竟是一位什么样的艺术家想了很多，"阎维文"也引发了我对艺术家与祖国、艺术家与时代、艺术家与军人、艺术家与生活的深入思考，也写了一些导演手记。过几天你的演唱会就要隆重上演了，我从我的导演手记中摘出一些句子抄于你，就当作我对艺术家的敬意，权当艺术家对艺术家的欣赏与赞美吧！

小阎，我想对你说：

任何一位艺术家都希冀成为祖国的文化标识；

任何一位艺术家都是被同时代艺术家的欣赏而塑造的。他们都不可避免地经历着锤炼，在某种意义上说，喜欢你的人，不喜欢你的人，赞美你的人，不赞美你的人，他们都是天使。因为，他们都会从不同的角度、以不同的方式提示着你，矫正着你，鞭策着你；

任何一位艺术家都渴望得到人民大众的认可；

任何一位艺术家都有梦想，如果你的境界有着国家意识和军人使命,那才是宏大而壮丽的梦想,向着最美好的梦想奔跑,要永不放弃!

　　既然歌唱,就要站在最神圣的地方歌唱!

　　小阎,祝你的演唱会一切顺利、圆满成功!

　　此致

敬礼!

张继钢
2011 年 10 月 23 日

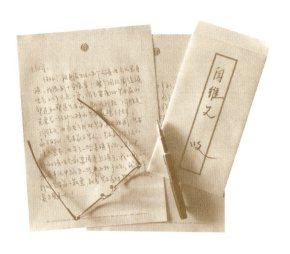

这是你的玫瑰!
——致歌唱家阎维文（三）

小阎:

你好!

我们相识已经四十多年了，在少年、青年、壮年乃至将来的老年生命中，每个阶段我们都是好朋友，拥有你和你的歌声真是幸运!

有使命的人，总能站在最神圣的地方歌唱。你的歌是生命之歌，圣洁之歌! 有乡音，有家园，情深意长；有梦想，有倾诉，天高地阔，你是时代的歌者! 你的歌属于你也不属于你，所以才不胫而走，不论是城市还是乡村，是部队还是学校，是国内还是国外!

唱歌，是自己的表演；歌唱，才是深沉的诉说……

军人的歌，当然要唱给祖国!

儿子的歌，当然要唱给父亲母亲!

丈夫的歌，唱给妻子!

朋友的歌，唱给天下!

小阎，"让我告诉你，这是你的玫瑰!"

因为你是——战士歌手!

这封信，是我对你的祝福，也是我的导演阐述。

随信寄去我在《钢枪·玫瑰——2011·阎维文演唱会》新

闻发布会上的发言,请你一并过目。
　　此致
敬礼!

$\qquad\qquad\qquad\qquad\qquad\qquad$张继钢

$\qquad\qquad\qquad\qquad\qquad\qquad$2011 年 10 月 30 日

我的音乐观
——致作曲家王京荣

京荣:

你好!

7月6日晚上,收到了你新创作的英雄主题、民族主题、悲情主题和黄河主题音乐,听后很激动,辗转反侧久久不能入眠,思绪万千想了很多,索性起床伏案写字,这些感想是写给你的,也是写给我的。

1. 不脱开歌曲句式就成不了史诗。

2. 地域的口子很小,只能是情感的发端,是根脉不是目的。由于地域风格骨架小,所以不能纠缠于其中,从而干扰宏大。作品如一棵树,根脉不要老让人看见,其精髓要尽快通过树干到达树冠,树冠面积大,在风中摇曳歌唱,是精神,是人类的共鸣。

3. 没风格不行,记不住你。但风格是你的不是我的,属于你,而不是属于"我",更不是属于众人,多可惜!

4. 合成器成不了"贵族"!合成器不能露出,出来就

王京荣,一级作曲家。代表作:电视连续剧《黄河在咆哮》,儿童剧《红星杨》,大型音乐舞蹈史诗《为有牺牲多壮志——右玉和他的县委书记们》,歌曲《小老杨,你好好活》等。

掉价！

5. 音乐的深刻性藏在音乐的缝隙里，所以不要把音符塞满。

6. 音乐的位置有时候是风格决定的，有时候是情感决定的，也有时候是思想决定的。

7. 很多艺术像工艺品，只能摆在那里观赏，剧场艺术、影视艺术、文学艺术、博物馆艺术等大多如此，但音乐不同，有些音乐可以带在身上，甚至可以带一辈子。我很小就和肖邦的《幻想曲》一"见"如故，当时我不知道这音乐是谁写的，只感觉那是我的音乐，畅想未来，就在心里哼唱慢板，回想以往，就哼唱快板。几十年过去了，到现在依然如此。我不觉得那音乐是肖邦的，也不觉得那是二百多年前波兰的，只觉得那音乐是我的。这现象让我深思，有些艺术属于时代又穿越时代，属于地域又覆盖世界，属于个人又属于人类。

作品能摆放在那里已然是资格了，当然很好，但存放在人们心中不是更好吗？

8. 写旋律是横线思维，编配器是竖线思维，缺什么？缺空间思维。

抽象的艺术离不开"象"的主题空间概括，这个"象"像不像是一个层次，是不是是一个层次，好不好是一个层次。音乐创作是有空间设定的，在小空间里是小气象，大空间下是大气象。第二次世界大战是人类的灾难，这是多么大的空间和气象啊！

9. 有些味道需要音符的密集,有些境界需要音符的疏朗。音符不是越密越好,配器也不是越重越好。

10. 音乐如人,是人的感受。音乐的层次和境界就是作者的层次和境界。

杂乱心得让你见笑。

此致

夏安!

张继钢

2015 年 7 月 6 日晚于北京

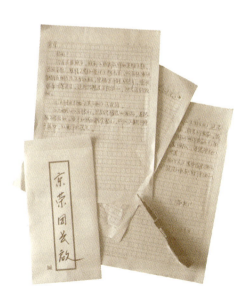

国土有界，文化无疆
——致作曲家王京荣

忧郁好美

（一）

京荣：

你好！

我们曾经讨论过"淡淡的忧郁"，特别是在经典的歌曲中，"淡淡的忧郁"总是那样不易察觉地存在着。这个问题我思考了很久，也翻看过一些资料，今天给你写这封信，就是想和你谈谈这个问题，让我们试试，尽量站在"道"的层面用"术"的语言说出来……

我不是搞音乐的，也不是音乐发烧友，只是听的音乐实在是太多了，也许是职业需要，舞蹈编导对于音乐的敏锐度简直难以形容，这个群体对音乐美感的敏锐度往往超过作曲家群体，一首在音乐界名不见经传的音乐在舞蹈界却被广泛使用，并反过来使音乐界耳熟能详就是证明（这只是个客观现象，在艺术规律中有待考证和理论研究，粗略感觉与动静的韵律有关）。究竟是什么鬼使神差地调动了舞动的灵魂？我深有体会。编导需要"看见"，他们在音乐中寻找形象、寻找境界，甚至寻找灵感。寻找时的状态近乎癫疯，得到时陶醉得像个诗人，冷静时却又像个做解剖的外科医生。所以，从小学四年级开始找音乐编舞蹈一直到现在，我几乎是被音乐包裹着生活，即便不编创舞蹈，就连看书写作、喝茶聊天也离不开音乐了。

中外传唱的歌曲，尤其是经典，音符里总蕴含着"忧郁"（掂量了很久，我还是没有用"忧伤"或"伤感"），而且是淡淡的，这个现象不是个别而是普遍，所以值得探究。

先看交响乐：如德沃夏克的第九交响曲《自新大陆》第二乐章，在如泣如诉的音乐主题《思故乡》中不难听出黑人灵歌的哀伤与无奈；再如斯美塔那的交响套曲《我的祖国》中第二曲《伏尔塔瓦河》，在浩瀚的波涛澎湃中依然裹挟着浩瀚的波涛澎湃的怀念，仿佛把全部的爱都化作浪花飞溅，融汇于奔腾的河流之中；再如柴可夫斯基的《B小调第六交响曲》，又名《悲怆交响曲》，简直就是作者的生前绝唱。当然还有再如……

再看欧美歌剧：如普契尼的歌剧《图兰朵》中最著名的一段咏叹调《今夜无人入睡》；再如比才的歌剧《卡门》里《爱情像一只自由的小鸟》，"爱情是一只自由的小鸟……你不爱我，我也要爱你"，那卡门泼辣的性格也难掩痛苦的绝望啊；再如威尔第歌剧《纳布科》第三幕中的希伯来奴隶之歌，刻画了被俘的犹太人在即将被处决前的心情，无限伤感地回忆着失去的家园，以及对亲人的思念，这荡气回肠的合唱因其优美而感人的旋律被广为传唱，据说在威尔第逝世时，数万人就是唱着这首歌为其送葬的；再如音乐剧《猫》中的经典唱段《回忆》，这首歌曲由流浪而遭唾弃的老猫唱出，哀婉的孤独感和美妙的凄凉感令人回味无穷。

管弦乐队是一个庞大的色彩资源库，当某类乐器担任主"唱"时，"淡淡的忧郁"会更加明显。

贝多芬的弦乐四重奏130作品，在至诚的美中也能隐隐约约听到断断续续的哭声；柴可夫斯基《如歌的行板》的创作灵感来自乌克兰的一首民歌，我猜测这民歌在民间是当作美好来哼唱的，然而它的每个音符都仿佛在向你倾诉着忧伤。

铜管的音色就可歌唱，如小号的孤独和苍凉，圆号的丰满与深沉……

咱们从多个角度再看看"淡淡的忧郁"……

从情绪看是平静的，一切极端皆排除，包括显著的喜怒哀乐，强烈的慷慨激昂或消极低迷，是"深林人不知，明月来相照"[1]。

从节奏看是平缓的，就如有身份的人说话语气不重，从从容容，手势也少，更少见眉飞色舞，这强大的气场正是"静"字得来。音乐节奏同理，"水深则流缓，人贵则语迟"。

从情感看是深沉的，"萧萧远树疏林外，一半秋山带夕阳"[2]。"愁"是隐藏的，这"愁"里有着些许苦涩。

---

1 出自王维《竹里馆》："独坐幽篁里，弹琴复长啸。深林人不知，明月来相照。"
2 出自寇准《书河上亭壁》："岸阔樯稀波渺茫，独凭危槛思何长。萧萧远树疏林外，一半秋山带夕阳。"

从心境看是孤独的，伤感和孤独如影相随，好歌曲都是唱给自己的，是自己对自己的抚慰，自己对自己的赏识。

从味道看是错综复杂的，记得舒伯特曾说："当我要唱一首爱之歌的时候，它却变成悲伤；可是，当我要把'悲伤'唱出来的时候，它却变成了爱。"

从表达方式看，话不直接说，总是借物，借大雁说远方，借河流说故乡，借远山说惦念，借秋风说寂寞，借花朵说姑娘，决然不会用牡丹之类，借酒说离别但还能再借，如"玉壶""金樽"（中国古人）等。月亮、星星更是谁都可以借的了……借的这些景物入了音乐就会朦胧、多情，亦会惆怅、哀婉。这音乐作品远远看去宛若忧郁的"冷美人"。

从内容看，多为对姑娘的眷恋，对婴儿的寄托，对故乡的思念，对远方的畅想。

从美学看，有豪放与婉约之分，婉约美普遍向内，属阴性，含有淡淡忧郁，忧郁是在内里，伤感已露出来了，然而伤感极具美感！因为伤感就善，善就柔软……其效果是美，现象是忧郁，本质是善，方法是柔软。

顺便说说伤感。

"水向石边流出冷，风从花间过来香"[1]，这"冷"与"香"是不是伤感出来了？

---

[1] 据《坚瓠集》记载，苏洵在家宴客，限以冷、香二字为联，苏洵作联："水向石边流出冷，风从花里过来香。"佛眼和尚在禅宗公案里把这句话改成了："水自竹边流出冷，风从花里过来香。"

"多情自古伤别离……""何期小会幽欢，变作离情别绪"。"离愁别绪"的伤感也出来了，是吧？

"剪不断，理还乱，是离愁。别是一般滋味在心头。""在心头"就不免上嘴边，嘴边默诵着还觉着不够尽兴，就只能哼唱了！你看，这音乐的优美不是从忧郁而来？

诗歌，可以先诗后歌，亦可先曲后词，但目的是为了"唱"一定是可以肯定的了。

文坛趣闻一则：某日，苏东坡问一歌女道：我的词与柳屯田的词相比如何？歌女答道：柳词是要十八九岁女孩儿来唱，但你苏先生的则要由关西大汉敲打着铁板来唱。

从哲学看是生死问题，是彻悟，也是无奈，是生命蓬勃，亦是视死如归。"生如夏花之绚烂，死如秋叶之静美"，生的孤独有如陈子昂"前不见古人，后不见来者"的绝望，逝的无奈又如"念天地之悠悠，独怆然而涕下"的绝唱！

"忧郁"是安静的，"淡淡的"就更是安静。不安静就不是艺术，那是娱乐，人总是要安静下来！

泰戈尔说，"不要试图填满生命的空白，因为音乐就在那空白的深处"，我深信，"淡淡的忧郁"藏在了"空白的深处"。

先说这些，这封信就"淡淡的忧郁"扯远了，算是个铺垫吧，下封信聚焦重点——歌曲。说得不全面，也许还有不正确的地方，但"淡淡的忧郁"是经典美的现象是存在的，这理由足够成为一个学术课题了。
　　此致
冬安！

张继钢

2017 年 11 月 2 日

忧郁好美

（二）

京荣：

你好！

我始终认为谈艺术是小范围的事，不适合大庭广众，况且眼下有这种雅兴的人也不多。

上封信谈了什么是"淡淡的忧郁"，以及"淡淡的忧郁"在"婉约派"艺术特别是音乐中的作用，现在咱们讨论一下歌曲。

很感谢你对我的信赖，你新创作出的歌曲总是让我先听，我为你的才华和你对艺术的执着所感动，坦率地说，你的歌写得极好，特别是《小老杨，你好好活》，写出了那种沙土地上人与树的情感以及栽一棵小杨树的艰难、责任、祈求与无奈，写得十分动人！你的歌命中率极高，总能写出你想要的，而且极具真情实感、风格纯正，几乎不见矫揉造作。每次我们都能针对你的新作畅所欲言，高的低的正的反的你都能耐心倾听，实令我感佩。其实，我有些话是想说的，只是感觉没有时间展开。

我们国家称得上是歌曲大国，数量质量都堪称一流。然而，我们纵观历史放眼世界，实事求是地讲能流传于世影响世界的经典歌曲还是西方的多于东方。而且东方人唱西方的歌曲，西方人几乎不唱东方的歌曲也是事实。这是怎么回事呢？能从我们这代人开始有所扭转吗？如何使我们的歌曲属于世界呢？咱们试试把视野放大找一找问题的症结在哪里。

"二战"后柏林已被夷为一片废墟，据说他们首先恢复重建的是柏林德意志歌剧院。艺术对欧洲人那么重要吗？艺术家的地位在欧洲究竟是怎样的呢？这让我想起黑格尔的话："艺术家是神的代言人，所以艺术是人生的奢侈。"德国前杜塞尔多夫美术学院院长、著名德国新表现主义艺术家马库斯·吕佩尔茨说："在欧洲，艺术家处于一个核心的地位，这也是一种传统，艺术的那些评判的标准都是由艺术家制定的。"[1]艺术能够抚慰西方人的灵魂，可以成为精神支柱。所以丘吉尔说："我宁愿失去一个印度，也不愿意失去一个莎士比亚。"但在中国，艺术是精神世界的需要，但还没能达到精神支柱的高度，对大多数人来讲，说得极端一点也就是茶余饭后的消遣娱乐。

　　先看看西方：

　　基督教认为"原罪"是人与生俱来的，人在现实生活中就是为了赎罪，做的一切好事善事都是神的旨意，是替神而为。刘再复说，中国是"一个世界"的文化。所谓"一个世界"，乃是一个"人"世界。西方则是"两个世界"的文化，即除了"人世界"之外，还有一个"神世界"，也可以说，除了"此岸世界"之外，还有"彼岸世界"。[2]这就对了，如此就不难理解艺术家为什么会在欧洲有着崇高的地位，因为艺术家在欧洲是"神的代言人"，能像神一样抚慰人的创伤，拯救人的灵魂。

---

[1] 2015年，马库斯·吕佩尔茨在"漫谈艺术与民族性、传统与当代"主题讨论中提出此观点。
[2] 刘再复：《略谈中西文化的八项差异——在田家炳中学"薪火相传"仪式上的演讲》，选自《书屋》2017年第4期，第5页。

欧洲文化史告诉我们，有三种力量是西方歌曲的主要推动者：宗教（主要是基督教）、游吟歌手、诗人。即便是在思想禁锢的中世纪，宗教音乐也是极其重要的，在后来的文艺复兴和巴洛克时期就愈发走向成熟和繁荣，如文艺复兴时期的宗教声乐体裁有弥撒曲、众赞歌、赞美歌等；这一时期，尼德兰唱诗班及后来的无伴奏合唱的发展将复调合唱艺术推向了顶峰。当然，唱的内容都是赞美诗，赞美耶稣。

游吟歌手，也有兼职游吟诗人，兴盛于11世纪至13世纪末，也叫游唱歌手或游唱诗人。他们四海为家浪迹天涯，带着诗歌游走于欧洲大地，用诗歌连接着四十多个国家，街头巷尾唱歌跳舞，王室宴会讲故事传说，和贵族能成朋友，与乞丐可为兄弟，见多识广能歌善舞，博古通今能说会道，热情、豁达、智慧、善良，具有江湖的同情心和人间的怜悯心，极易充当"神的代言人"。人在流浪，心在天堂，他们的歌曲或孤独而柔软，或苍凉而悲伤，既有人间的述说，也有天堂的向往。歌曲的特点：乐节完整，段落分明，节奏清楚，极易上口，非常方便在各国不同阶层中流传。

我不敢妄说中国有史诗，但西方有，一般分两类，创世与英雄。如希腊的《荷马史诗》、法国的《罗兰之歌》、西班牙的《熙德之歌》、德国的《尼伯龙根之歌》和意大利诗人但丁的《神曲》。除史诗以外，欧洲的著名诗人也是数不胜数。这不是重点，重点在于诗性与歌性蒸腾着欧洲，陶冶着西方人性与神性，推动和锤炼着音乐和歌曲的经典品质。

我们且记住这几个欧美文化的关键词——诗性、神性、人性。

再看看中国：

中国太大了，在历史上无论版图怎样变化都是世界大国，博大精深自成体系。由黄河文化、长江文化，高原文化、草原文化，黄土地文化、红土地文化、黑土地文化融汇一统的中华文明，天然地独享着天圆地方和丰衣足食，不必求别人，自得其乐的余地足够大了。漫长的中国农耕文明创造了千年不朽的民歌，缓慢的男耕女织也耕种和编织了属于自己的民风民俗和民歌，民歌是一个民族的基本特征，无论社会怎样发展，时代怎样变迁，民歌都会香火绵延，这是基因管着呢，不会变，也变不了。中国民歌有男女情爱、思念眷恋、光阴四季、劳作丰收，有祈求老天爷的，但鲜有赞美"神"的，总体上是自娱自乐。所以，民歌可以作为一个国家或民族可靠的标识。这个标识也让东西方文化的异同泾渭分明。这也验证了一个世界的文化与两个世界的文化的不同。刘再复认为，"西方的基督教文化有原罪观念"，"中国文化没有这种'罪'观念"。"即使生计贫穷，也应知命认命，安贫乐道，这种乐感文化虽也有问题，但积极，所以才有'天行健，君子以自强不息'的精神。"[1]

可见，艺术不面对现实不行，只面对现实也不行。西方有诗性、神性和人性，我们只有人性没有神性，愈现实的社会愈缺少

---

[1] 刘再复：《略谈中西文化的八项差异——在田家炳中学"薪火相传"仪式上的演讲》，选自《书屋》2017年第4期，第5页。

诗性，这一定会影响到我们艺术创作的观念。所以，我觉得艺术创作既要面对现实也要抽离现实，我们的"抽离"远远不够。这是制约歌曲不能流传世界的症结一：面对现实"抽离"不够。

中国没有西方"游吟歌手"或"游吟诗人"的说法，但几千年来，从不缺少这样的诗人和民间歌手，中国的三山五岳遍布着他们的足迹，镌刻着他们龙飞凤舞的不朽华章，他们中屹立着顶天立地的东方文化巨人，自成体系，是"一个世界"的文化巨人，很难与"两个世界"的文化融合，文化不同决定了观念不同，观念不同决定了诗性不同，诗性不同又制约了音乐性质的不同。

"一个世界"的文化很难打进"两个世界"的文化堡垒，而西方的"两个世界"的文化极易影响、蔓延、浸透、融入东方的"一个世界"的文化之中。文化城墙的坚固和自成体系强化着自身特色，特色愈鲜明愈难与西方文化相融，中国如此，没有原罪思想的印度和阿拉伯国家也如此。这是症结二：坚固的自成体系的城墙。

说句题外话，我们中国人参加国际比赛，表面上是面对众多国家的欧洲人，实际上，你面对一个欧洲人就等于面对一片欧洲大地，因为他们的血脉大抵相似相通。

在19世纪末，我们的歌曲由"自得其乐"的民风逐渐融入了"宣教功能"的性质，这类歌曲伴随着"数千年未有之变局"（李鸿章），特别是在辛亥革命之后蓬蓬勃勃地发展起来了。在1921年中国共产党成立以后，革命歌曲更是肩负起了唤醒民众，争取民族独立、人民解放的使命，诞生了享誉世界的《义勇军进行曲》《黄河大合唱》等不朽之作。1949年新中国成立至"文革",革命歌曲更是增加了狂热的对"红太阳"的颂歌和"语录歌",这类歌曲经过长时间的巩固已经形成一种大众观念,难免标签化、口号化,也难免套路与僵硬。有个现象我一直很费解,为什么在改革开放之初,邓丽君的"靡靡之音"会在一夜之间席卷中国大陆,而且争相传唱家喻户晓。我们不妨回头看看它的歌名《千言万语》《小城故事》《路边的野花不要采》……均属民风小唱,再看看它的曲调,"淡淡的忧郁"更是比比皆是。然而,即便如此也很难融入西方,我想这可能与内容过于世俗有关。当然,革命歌曲属于一个时代,也生动描绘和记录着一个时代,由于肩负着时代的宣教使命,就自然会随着使命的结束而结束,不会流传万年,更不会融入西方。由于宣教题旨明确,就难免概念化、空洞化,只能唱给"场合",不能唱给"自己",不会代代相传,更不会影响世界。这是症结三:过于强化宣教功能。

西方人很少唱中国歌曲的原因还有很多,例如:1. 我们没有具有国际影响力的歌剧经典(民族歌剧例外),也没有具有国际影响力的电影插曲,对中国歌曲流传出去没能起到保驾护航的推动作用;2. 中国民族唱法与西洋唱法很不一样,西洋人基本上是美声,唱不了中国的民族歌曲;3. 中国五声音阶与西方七声音阶有很大不同,但如果不是写中国的古典音乐,现在的作曲家也大都采用七声音阶了。以上这些问题不是创作观念问题,所以没有放在我们讨论的范围里。

京荣,你我深深地爱着祖国的民族文化,这是我们的根!然而，我不是作曲家，你是作曲家，我通过你似乎看见了我们国家同时代的作曲家们，我多么渴望我们的作曲家们能够属于时代，更渴望我们创作的歌曲能够拥抱整个世界！

这封信我们大致梳理了西方人不唱中国歌曲的原因，下一封信咱们谈谈"淡淡的忧郁"对于歌曲创作的启示。

此致

敬礼！

张继钢

2017 年 12 月 9 日

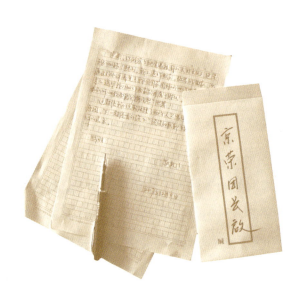

忧郁好美

（三）

京荣：

你好！

这封信谈谈"淡淡的忧郁"对于歌曲创作的启示。

继1997年我为广西柳州创作完成音乐剧《白莲》之后，他们又要我创作一部新作，经过左思右想，我决定创作广西民族音画《八桂大歌》。

记得第一次去柳州时，我就被那里独有的民风深深吸引，在柳江河畔和鱼峰山下到处是唱山歌的人，有老人孩子，有男人女人，那时，并不是他们的"三月三"，也不是"歌圩"或者"盘歌"之类，据说柳州一年四季无论什么时候都能听到山歌。这民风简直令我神往，眼前的一切像假的似的，实在让我这出生在山西的北方人感到吃惊。后来熟悉了，也就明白了这方土地上的人唱歌本身其实是生活的一部分，是他们的生命状态和生存状态。

创作《八桂大歌》时，特意请来了广西十几位知名的词作家，我为他们规定了"劳动"和"爱情"的写作主题，经过几个月的采风创作，他们共完成了五六十首歌词，然而出乎我所料，会稿时我满眼的歌词都是崇高与神圣，字里行间处处是口号和道理，"劳动"充满豪言壮语，"爱情"犹如革命友谊。不是词不达意，而是言不由衷，根本不像老百姓的歌。我忽然对坐在我周围的人怀疑起来，他们是词作家吗？他们会写歌词吗？事实告诉我，他们是专业的词作家，然而，他们已经不会写歌词了，不会写阿妹的太阳和阿哥的月亮，会写厚重的红土地不会写幽深的甘蔗林，会写阿公的"大话"不会写阿婆的"私语"。

我断言这不是老百姓的歌，这些歌在鱼峰山绝无立足之地。如此，我郑重提出"用人民的语言塑造人民的形象，用人民的歌声礼赞人民的生活"的创作原则。《八桂大歌》首演以后即获得了当年度国家级所有大奖。十几年过去了，现在在国内外演出了近五千场（场场有记录），而且目前依然不断收到来自海内外的演出订单。更为可喜的是，其中《摆呀摆》《瑶家妹仔要出嫁》已经成为当地老百姓口口相传的歌曲，只不过他们以为是祖传下来的山歌呢。口口相传才能持久，标语口号的歌词是短命的。山河养育一方文化，文化也要供养一方山河。但是，什么样的歌声才能供养千年万年的山河呢？

我再讲一件事，北京奥运会之后，在2009年我出任了庆祝中华人民共和国成立六十周年大型音乐舞蹈史诗《复兴之路》的总导演，开篇序曲要写《我的家园》，阎老（阎肃，著名剧作家、词作家，时任文学部主任）主动请缨要亲自创作，十几天后老人家兴奋地悄悄告诉我写完了，在创作会上他声情并茂地给与会人员朗读，读完后，会场上一片寂静，没有什么反应，我犹豫再三率先发言：阎老，我觉得这不是我的家园，太概念了，话太大了，想教育但达不到教育的效果。记得小时候我妈妈常给我唱——大红公鸡真好看，花椒树下叫得欢……这才是我的家园，我们的家园，我们是农耕文明的家园。不等我讲完，阎老举起手来说：懂了，我重写！后来这首由阎肃作词，张千一作曲，谭晶演唱的《我的家园》十分素朴地掀开了《复兴之路》的乐章，很是动人！词中写道：

> 山弯弯，水弯弯，田垄望无边；
> 笑甜甜，泪甜甜，一年又一年；
> 燕子飞，蜜蜂唱，坡前柳如烟；
> 风暖暖，梦暖暖，这是我家园；
> 最难忘，最难忘，
> 妈妈脸上又见皱纹添。
> 哦，这是我家园。

如今，阎肃老人家已经不在了，令人很是怀念……

就歌而言，唱给梦里的歌才能不翼而飞，所以姑娘啊，故乡啊，摇篮啊是永恒的话题；唱给自己的歌才能回味无穷，所以所选符号通常都小，能选"小河"不选"大江"，如果"星儿"能用就不会用"月亮"。如果用"山"，也尽可能不说明是什么名称的山，因为那样会把"我"摆进去成为"有我之境"，"有我之境"标明了是你的歌不是我的歌，流传范围受限，也不太方便口口相传。"淡淡的忧郁"总是善于把"自己"藏起来，让艺术属于抽象的大自然。那么一定是唱给梦里或自己的歌才能流传吗？我以为是，因为能够确立"淡淡的忧郁"之美，那么，是不是说其他没有"淡淡的忧郁"的歌曲就很难流传久远呢？我以为是。

不要说上千年就说流传几百年吧，进行曲的不多，豪迈的不多，"大喊大叫"的更是少之又少。这类歌曲属强势，是为某个历史阶段或某个特殊群体的需要服务的，一般肩负号召、动员、鼓舞和唤起的使命，所以不会有深沉，更不会有忧郁了。

歌曲的意象必受词意、词韵、词性、词境的制约，相对而言，词意与词韵是低层次，词性和词境是高层次。词意是内容，好识别，词的合辙押韵也不是什么难事。词性是味道，难把握，词境是意象，可意会不可描摹，是言在此意在彼，"看山是山，看山不是山，看山还是山"。会不会写歌词主要看词性的绝妙和词境的高远。

第一个关键词出来了——言此意彼。

有人说语言的尽头是音乐，"行到水穷处"，我们再谈谈音乐"坐看云起时"。

就曲调而言，动人的也就那么一两句，也许是一句甚至是半句。这"一半句"就是音核，是种子。这"一半句"就能让作曲的人走火入魔，"世间本无事，庸人自扰之"，这几个音符与作曲的人如影相随，走路、吃饭、睡觉甚至做梦都不离不弃，简直就是愉快的"折磨"。然而，这种子或称动机虽然只有"一半句"，却十分有可能栽种在大众的心间，时间久了，歌词忘了，这音乐还记着呢，时间久了，完整的音乐忘了，可这"一半句"是永远都不会忘了！哎？这又是什么原因呢？道理很简单，这"一半句"是谁听到就属于谁了，嘴边哼唱"自己"的调调，心里想着自己的人生。当感慨漫长的有经历的人生时，心是怅然若失的，酸楚的，无奈的，会油然生出一种莫名的伤感，这是情感特征，而这音乐作品的整体面貌却是"淡淡的忧郁"，在淡淡忧郁的歌曲里仿佛看见了那个超现实的自我。注意，这自我欣赏的美感是音乐赋予的，说得再确切些，是那"一半句"的功劳啊！

在这个意义上讲，写音乐主要靠情怀而非技术。没有情怀那"一半句"就不会找上门来纠缠你，因为你涉世不深阅历不够，没有积攒够"内容"的人怎么能意识到这"一半句"价值连城呢？当然，得到了宝贵的"一半句"还是需要技术的，因为接下来的章法结构还等着呢。

又一个关键词出来了——人生情怀。

汪芝在中国古代琴谱《抚琴诀》中开篇一句就惊世骇俗："鼓琴时。无问有人无人。"[1] 我在家中书房读《西麓堂琴统》，当看到这句话时着实被云岚山人给惊着了。这是何等格局和境界啊！此"无问有人无人"，禅境是也！

我是导演，雅俗共赏这几个字我是十分在乎的，但在编创男子七人舞《鱼戏》时，我回归了自我，根本没想过如何取悦观众，音乐节奏平缓没有高潮，演员没有任何技巧，创作时我只问内心，只看内心，只做内心。结果"无念则静，静则通神"，演出中所有观众被笼罩于一个气场，演出后，我当然能够听得出来掌声是由衷的还是礼貌的。这也是"无问有人无人"。

我十分喜欢内蒙古和西藏民歌，它们共同的品质是悠远苍

---

[1] 摘自《西麓堂琴统》中的《抚琴诀》，作者汪芝，明嘉靖年间琴家。

凉，这两个地方都是地广人稀，歌是唱给天，唱给地，唱给孤独的。这也是"无问有人无人"。

作曲家不是演员用不着表演，应该守住宁静。创作舞剧《千手观音》时，我和作曲家董乐弦交谈音乐，记得我在黑板上写了三个字：净、静、境。坦率说，舞剧《千手观音》音乐写得"心心入空，念念归静"，做到了"无问有人无人"。

又一个关键词出来了——静则通神。

凡"淡淡的忧郁"之美，传播总是不胫而走，不能看一歌一时。

有些歌于国人是家喻户晓，不能谓其影响不大，几年兴盛几年式微，是"时代之歌"起伏的现象。要写具有时代特征的歌曲，也要写一些没有时代特征的歌曲，以免时过境迁不合时宜。

但是，也有例外，不朽的"时代之歌"有如历史年轮是不可磨灭的。堪称经典的有中国的《义勇军进行曲》《黄河大合唱》，国外的有法国《马赛曲》和苏联《神圣的战争》等。不仅庄重还庄严，这些是燃烧出来的歌曲，是民族的、时代的、人类的燃烧。是人类的歌，属性人类和时代，不宜个体抒情。是人类悲怆抗争的愤怒呐喊，不是生命个体的多愁善感。而"淡淡的忧郁"是多愁善感。

又一个关键词出来了——多愁善感。

如果选一个中国朝代类比"忧郁"，宋朝当属第一。

古代美学，到宋代达到最高。

其标志一：简约。

艺术风尚单纯，不尚华丽，他们可以抿着嘴笑你堆砌，心想，真土！宋朝人用墨画画、烧单色釉瓷器。我们不妨对比一下清乾隆以后的瓷器，哪个贵气哪个俗气一目了然。

其标志二：空灵。

"问君能有几多愁？恰似一江春水向东流。"有人说李煜"其所作之词，一字一珠，非他所能及也"。清王韬说空灵："以飘忽之思，运空灵之笔。"大多宋代词人画家都擅空灵，妙不可言的空灵，是通往或到达了"灵的空间"。

"千山鸟飞绝，万径人踪灭。孤舟蓑笠翁，独钓寒江雪。"留白要向唐人宋人学！

为内涵深邃，便使用字少。欲曲调上口，就音符少。

又一个关键词出来了——空灵简约。

有些歌要地域风格，看出土生土长的民风民情。有些歌不要地域风格，要"英雄不问出处"。要挣脱"像不像"，回归"是不是"。无论怎样，风格是极其重要的，没风格特征就什么都不是。地域风格愈鲜明愈属于地域，愈纯粹愈是地域的图谱，所以愈老愈值钱。但不易流传海内外也是显而易见的。而作曲家"这一个"作品的风格鲜明就很不同了，有地域因素但不要整体强调地域风格，要强化作品风格。作品风格的主要决定权是内容，是人类共有的内容，又要人类共有的情感，还要人类共有的表达方式。清楚往哪里去，模糊从哪里来，"地域"只剩下一点点朦胧的影子。那么，既然不知出处，就可四海为家。国土有界，文化无疆！

又一个关键词出来了——似是而非。

有些歌要引吭高歌，有些歌要低吟浅唱，无论怎样，由衷为最。写什么都要精力集中但忌讳用力过猛，都需控制有度，拿捏有方，什么地方故意了也就"痕迹"了。汪芝说："大声不烈，小声不灭。高而不轻浮，低而不沉闷。宏大而不遗细小，细小而不失宏大。强而不暴戾，弱而不病态。"[1]

又一个关键词出来了——和润而远。

怎样才能使歌曲"淡淡的忧郁"呢？先说这几个关键词：

言此意彼

人生情怀

静则通神

多愁善感

空灵简约

似是而非

和润而远

人生是这样，快乐时不觉着，伤感时才觉着存在感，忧郁好美！

踩在结结实实的大地上，是为了飞起来看见那虚虚实实的世界！我期待着你的"淡淡的忧郁"！

京荣贤弟，借《增广贤文》一句"酒逢知己饮，诗向会人吟"

---

[1] 出自汪芝《西麓堂琴统》。

来自我开脱一下,音律高深,班门弄斧,令贤弟见笑了。不过我深信,真诚是艺术的太阳!笑谁也不要笑赤子!

  此致

冬安!

张继钢

2017 年 12 月 19 日

秉烛夜话·张继钢论艺术

02 —部分

艺术家的远处要有一盏灯

AN ARTIST NEEDS A LAMP IN THE DISTANCE

ZHANG JIGANG'S ART THEORY

于编导来说,识别了美是"肉眼"
见了别人所看不见的,那就开了"天眼"
果看见别人无论如何也看不见的,那就是"慧眼"
果看见的东西在一百年以后还是光辉灿烂
可能是"法眼"了,至于"佛眼"
只好去叩拜参悟佛祖了

寄给天国的鸿雁
——致新中国舞蹈先驱贾作光

敬爱的贾老师：

您好！

知道会有今日，却不知今日来得如此突然！您知道吗？舞蹈的世界根本没有准备，也许，就根本不愿意准备！

我正在新加坡准备着当晚舞蹈诗《侗》的首演，攒了一堆的信息没看，偶然一看，一行字吓了我一跳，是于大雪发来的："贾老师去世了，刚听舞协的老师说的。"我模模糊糊没有看清，摘掉眼镜再仔细看看，愈发看不清了，因为脑海一片真空，泪水不止……

贾老师，再过二十二天就要过年了，说好我和拉梅要去看您的，您走了，这一回不是学生食言，而是恩师失信了！

贾作光，中国当代舞蹈艺术大师，著名舞蹈表演艺术家、编导家、理论家、教育家。中国"新舞蹈艺术"的开拓者之一，蒙古族舞蹈艺术的杰出代表。曾获文化部"表演艺术成就奖"、中国文联"特殊贡献奖"、中国文联和中国舞蹈家协会"终身成就奖"。2011年，荣获文化部"中华艺文奖·终身成就奖"。创作二百余部舞蹈作品，代表作：《牧马舞》《鄂尔多斯》《盅碗舞》《彩虹》《海浪》等。

"千里不辞行路远，时光早晚到天涯！[1]"

我仰望苍穹，寻找着那只引领舞蹈世界的鸿雁，鸿雁飞远了，再也不会回来了，只是偶尔传来几声哀鸣，这哀鸣又是热烈的，也是闪耀着万丈光芒的宣告——今天迟早会遥远！

远飞的鸿雁啊，我想告诉您：

我算了算，您对我的表扬没超过十句，几乎全是指责，这也不对那也不是，每次都是让我灰头土脸的……

在1986年舞蹈《元宵夜》参加比赛时，我第一次见您就像朝圣般心慌意乱，果然，您一见面就劈头盖脸地说您看了作品，并给作品提了一堆的毛病。其实，当时的我并没有听进去您的意见，只是关注您的态度，因为您的态度决定着舞蹈的奖次，心想，完了，得不了奖了，谁曾料想，《元宵夜》得了大奖第一名！是啊，"新竹高于旧竹枝，全凭老干为扶持！"[2]

远飞的鸿雁啊，我想告诉您：

您每次见我都提《女儿河》，要不是您强迫我改进服装的颜色，《女儿河》就不会演遍全世界。

从那以后，"吓"得我每有新作品问世，总要先请您老人家把把关，定定调。《一个扭秧歌的人》在排练厅审查，看完后，只见您泪流满面，说："那个秧歌艺人就是我！"这一次您顾不上"指责"了，因为您已被"自己"感动得一塌糊涂了……

远飞的鸿雁啊，我想告诉您：

1　出自 [唐] 张祜《破阵乐》。
2　出自 [清] 郑板桥《新竹》。

有一次您告诉我，我被评选为"世纪之星"，说："要不是我对你的敲打，你小子哪有今天！"我诚惶诚恐感激涕零！

有一次您告诉我，我的作品《黄土黄》被评选为"中华民族20世纪舞蹈经典"，说："你的作品提名奖两个，经典一个，没选《一个扭秧歌的人》你没意见吧？"我心想，您连"自己"都不给投票，我还敢有什么意见。

终于有一年让我抖了抖威风，舞协决定由我出任总导演，请所有健在的老舞蹈艺术家们在舞台上再舒长袖，那才是经典呢！经典的《金秋风韵》！并且您钦点由我排练您表演的《鸿雁》，那年正赶上您双膝疼痛，在北京舞蹈学院的排练厅里几十个孩子为您伴舞，舞蹈排了一遍又一遍，您是那么的投入和认真，好几次我让您休息您都拒绝了，然而，中间我去洗手间，一出门就听见了您的声音："兔崽子！想要累死老头儿啊！这个兔崽子，他明明知道我腿疼！"我回到排练厅就问大家："刚才是谁在骂我啊？"一时间所有孩子都看您，您马上就说："没有啊！谁也没骂啊！我在呢，他们谁也不敢！"我心想，好，咱们再来一遍，所有人必须做出来！然而，我还是心软了，宣布了休息，您面对我又开骂了："兔崽子！怎么不排了？"我看得出来，您是真不想休息啊！

远飞的鸿雁啊，我想告诉您：

您是一个很有正义感的人，记得咱们俩一起去兰州，我陪您去看我的新作《西出阳关》，在飞机起飞前不知是谁的手机响个不停，您大声嚷嚷着："谁的手机啊！自觉点儿！关了手机！你不想活，大家还想活呢！"手机还是在响，且没完没了，您忍不住又嚷嚷："嗨！自觉点儿！自觉点儿！关了手机！"我仔细听了听，说："贾老师，您的兜里好像有声音。"您翻了翻兜，掏出了手机："哈哈，对不起，是我的。"过了一会儿，您睡着了，飞机开始走动，您醒了："这么快！到了？"面对您这般可爱得长不大的老人，赤诚得惹不起的老人，我可说什么好呢！

　　远飞的鸿雁啊，我想告诉您：

　　又有一年，舞协决定再让我出任总导演，让当代舞蹈家们群星会聚同台演出，组成了耀眼夺目的《青春的旋律》，这次您顾不上我，只顾着"指责"他们了，对这个您亲自纠正其不对，对那个您亲自修改其不是。在一旁看着这一幕的我真是"幸灾乐祸"、心花怒放。

　　"全凭老干为扶持"啊！今天想来，那个璀璨星空里的杨丽萍、刘敏、沈培艺、李恒达、黄启成、周洁、于晓雪、卓玛、山翀、黄豆豆、姜铁红、李玉兰、王晓燕、沙呷阿依、敖登格日勒等等青年艺术家们都在仰望更高更远的苍穹，仰望着指点过也"指责"过他们的鸿雁！共同引吭呼喊——恩师鸿雁！走好！

　　远飞的鸿雁啊，我想告诉您：

　　2005年的您感慨万千：在创作纪念抗日战争暨世界反法西斯战争胜利六十周年大型音乐舞蹈史诗《为了正义与和平》之际，您特意给我打来电话："小子，你要记住！好好地狠狠地骂骂那些日本的兔崽子！"

　　2008年的您充满自豪："奥运会开幕式三个导演，我们舞蹈界占了两个！"

其实，面对您，我的心底有一个对自己永远的谴责，在庆祝中华人民共和国成立六十周年时，没能想到让饱经沧桑的世纪老人"鸿雁高飞"；在大型音乐舞蹈史诗《复兴之路》里，没能请人民艺术家用坚定或许也只能是挪动的舞步歌唱祖国！

每想到此，我的心底总是隐隐作痛，今天想起，更是泪流满面……

远飞的鸿雁啊，我想告诉您：

舞蹈界多么需要您的引领、护航，栽培、扶持、批评和"指责"啊！您走了，给我们留下了难以填补的寂寞！那寂静是多么的可怕！

今天迟早会遥远！舞蹈的天空再无鸿雁！

今天迟早会遥远！舞蹈的天空鸿雁永在！

敬爱的贾老师！新中国舞蹈的先驱！我们永远热爱您！

此致

永安！

学生张继钢
写于 2017 年 1 月 8 日新加坡

圈子里边做事，圈子外边思考
——致门文元导演

门导你好：

久未见了，很是挂念你！

听说你最近还是满天飞，在舞剧《阿炳》、歌剧《羽娘》和文化部国庆文艺晚会之间奔忙，能想象到你身体的劳累，可千万要注意身体啊！我知晓，请你的人是充满渴望和真诚的人，他们一方面关爱着你的身体，可同时也恨不得你不吃不睡争分夺秒呕心沥血。因为你有价值，你的价值能使你创造出比本人价值更巨大的艺术作品。正因如此，你要关怀自己，因为你属于你家人、朋友，属于舞蹈界，属于文化艺术界，属于全社会！

由于你的智慧，你的作品总是光芒四射、不可阻挡；由于你的巨大，总使我感觉到只能靠近你的局部，令人神往，使人景仰。

我感觉，在你的内心深处有一座巨大而沉静的殿堂属于你自己，这殿堂孕育着生命和艺术的梦想，始终高扬着求新求奇求异的旗帜，所以思索，所以追寻，所以为了与众不同，甘愿"衣带

门文元，舞蹈编导艺术家。创作一百余部舞蹈作品，五十余部大型舞台剧作品，多次获解放军文艺大奖、文化部文华大奖等。代表作：舞蹈《金山战鼓》；舞剧《阿炳》《二泉映月》等。

渐宽终不悔"。这殿堂荡漾着一种至高至远至美的境界，所以奋斗，所以冶炼，所以热若岩浆、寒如冷月，似淬火一般地经过极热与极冷的锻造。真是了不起，你是这殿堂的主人，令晚辈十分敬慕，正可谓奋斗者可敬，进取者可钦，所向披靡者可佩，热烈拥抱生活者可亲！

　　门导，你是个谜！我常像猜谜者一般困惑。你的作品是热烈热辣浓烈浓郁，如舞蹈《金山战鼓》、舞剧《月牙五更》《土里巴人》《黄河水长流》《阿炳》等，总是浓淡相宜。要大红大绿，又能把持品格不流于庸俗是不易的；能浓到不化，化到无痕，天然无饰也是不易的；能浓到好处，不缺不过，淡到好处，不丢不散就更难了。这高超的功力，也是丰富的经验。但更让我感佩的是浓烈却不堆砌，如梁红玉的大斗篷，《土里巴人》的大船等，大开大合，寥寥数笔就营造出一种气势，使主题升华，令人刻骨铭心，荡气回肠。更使我叹服的是舞剧《阿炳》的面世，让我们看到了另一山的高远峻拔，另一番天地的淡雅空灵，分明是另一种境界，另一个极端。情感的浓郁，风格的淡雅，更使人觉出意味深长。留存一些空白，却给观众让出一片辽阔想象空间。淡较之于浓是另一种美，可以更天然，像春雨，润物无声，不是撞击人的脑海，而是流入你的心田。特别是《阿炳》最后的艺术处理，更营造出"空山不见人，但闻人语响"的感人而崇高的境界。这种省略的美，不是任何人都能驾驭的。门导，每次看你的作品总能使我学到和感悟到很多，你那精美而老到的功力，你那从容而不急促，自如而不窘迫，审慎而不猬急，恬淡而不凡庸的气度却只能令晚辈仰视了。

　　近日，一直有一个问题困扰着我，舞蹈空间是舞给自己还是舞给别人，两者能否统一？舞蹈界一直是人多圈子小，人很多，干的事也多，可外界知之甚少，人民大众知道的就更有限了。究其原因，这和舞蹈界太多人的着眼点在圈子内而不在圈子外有关系。组织很多人，花很多钱，费很大力气搞一部作品，只在舞蹈界圈子里热闹一下就完了，而热乎劲儿的时间也很有限，这种风气对舞蹈界事业的发展没有什么好处。所以，每当我听说《月牙五更》和《土里巴人》演出多少多少场次，不仅收回投资，还赢得多少多少收入时就格外高兴。这说明舞蹈艺术不仅能专业化，还能走向市场形成产业化。这是在市场经济的条件下对舞蹈对编导的新的考验。圈子愈大，事业愈旺。如此，中国舞界有望。令人信服的是，门导，你作为前辈的艺术家，依然宝刀不老，依然能够在新的形势下"木秀于林"，勇敢地体验着"风必摧之"的幸福！从你的身上，我们看到了一位大导演的责任感，使命感，也看到了一位远行者的实力，更看到了一位胸襟豁达的大艺术家的大思大谋、大情大说！

　　面对门导，总是感慨万千！先写这些吧。

　　一定保重身体！

　　遥致

大礼！

继钢
2002 年 4 月于北京

一位女神就是一座草原
——致舞蹈家莫德格玛

莫德格玛老师是一位舞者!

第一次看见莫德格玛老师跳舞,就看见了草原,看见了草原上的太阳、湖泊、牛羊和炊烟……

她的舞蹈是通灵的,能够与骏马、雄鹰、苍狼、白鹿对话……

草原的风与她共鸣,草原的云与她共舞……

她的舞蹈令你的眼睛无法逃避!

第一次看见莫德格玛老师跳舞,就看见了家园,看见了近处的蒙古包、远处的地平线。

她的舞容很小,小如草原的露珠;很大,大如草原的天空;很静,静如草原的月夜;很暖,暖如草原的篝火……

家园的温暖滋养了舞蹈的温暖,草原的辽阔延展了舞蹈的

莫德格玛,舞蹈家。曾任东方歌舞团独舞演员。代表作:大型音乐舞蹈史诗《东方红》蒙古舞蹈领舞;舞蹈《盅碗舞》《蓝蓝的天》等;创造《蒙古舞蹈部位法》教学法,出版蒙古舞蹈理论著作《蒙古舞蹈美学概论》《蒙古舞蹈文化》等六部。

辽阔!

她的舞蹈能把你融化!

第一次看见莫德格玛老师跳舞,她那两只勾神的胳膊顿时锁定了我的目光,摄住了我的心灵,这是我见过最美的调动了整个身体"歌唱"的蒙古舞"柔臂"——双臂"提拉"犹如闲云野鹤,双手"压腕"恰似"鹿斯之奔"。屈膝不屈头,一位女神就镇住了一座草原。抖肩神不散,疾,如马蹄声碎;缓,似踏花归来。

莫德格玛老师是一位学者!

字里行间中闪动着思辨的凌波,她的理论像一位长者的诉说——蒙古民族的舞蹈为什么总是疾风、总是烈火、总是美酒、总是牧歌?

平铺直叙中洋溢着理性的升腾,她的著作是一把启智的钥匙,解开了我心中的谜团——为什么蒙古民族的舞蹈总是那样的圆,圆到无限;总是那样的醉,醉到心窝……

莫德格玛的舞,是感性的生命之舞!

莫德格玛的书,是理性的生命之树!

2012 年 3 月 17 日

《她们很美》
——写在舞剧《李清照》演出前

培艺:

  你好!

  首先祝贺你的新作问世,你托我写的"演出前的话"已写好,请你过目。

  早知培艺有新作问世,我还没有看过。但,凭对她的熟知,我知道,她是认真的。

  培艺,是一个纯粹的舞者。舞无定式,如影,如"雲"……"雲",看得见,摸不着,但它确实存在……

  培艺的路,总在十字路口上……
  寻寻觅觅,觅觅寻寻,其实,是寻觅一个"真"字!

沈培艺,舞蹈表演艺术家、编导,中央戏剧学院舞剧系主任。主演:舞蹈《新婚别》等;创作:舞蹈《太阳雨》《密林中的故事》《易安心事》,舞蹈诗《梦里落花》,舞剧《香魂·乡魂》等。

她，看见了李清照，或许，李清照也看见了她……
她们很美……

2010 年 7 月 27 日

补上"古典"这一课
——致中央戏剧学院舞剧系主任沈培艺

培艺你好!

感谢你邀请我们夫妇观看了你的新作《凝视·家园》。

昨晚的演出宁静、安详、浪漫,我透过舞台寻找着作品远处的那盏灯,不是照亮作品,而是照亮作者精神家园抑或是舞剧教学的那盏灯,我觉得那是主宰。

透过作品我看见了作者的麦田守望以及面对中国舞剧教学的拓荒胆略。填补空白才是创造,这人这事在当下已属罕见了,你和中央戏剧学院领导的高瞻远瞩与脚踏实地都令我敬重!

先说高瞻远瞩。

舞剧是从芭蕾舞开始的,是戏剧的一种。早在五百多年前的意大利文艺复兴时期即有了芭蕾的雏形,这种舞蹈形式传入法国后达到了第一个高峰,由国王路易十四带头跳舞并创办了第一所皇家舞蹈学院。起初只是在宫廷娱乐的舞蹈,后加入了简单的情节正式步入了剧场,从此诞生了舞剧这样一种用人的舞蹈躯体讲故事和塑造人物的艺术。几百年过去了,特别是经过了后来的启蒙运动,舞剧愈来愈成熟,成为世界艺术之林中唯一没有语言障碍的戏剧。任何翻译都是无奈的选择,都是从此岸到彼岸的桥梁,很难想象这桥梁是怎样走过"小桥、流水、人家",又是怎样看见"古道、西风、瘦马"。而舞蹈戏剧不需要翻译,这是多么独特和宝贵啊，使得整个人类都能够直接解读原著，赏析作品的意象，融入作品的意境，触摸作者的心灵，彻底实现灵魂和灵魂的拥抱！

讲故事离不开叙事和抒情，需要人物性格和矛盾冲突。经典古典芭蕾舞剧《天鹅湖》《睡美人》《胡桃夹子》《灰姑娘》，交响芭蕾《宝石花》《斯巴达克》，戏剧芭蕾《奥涅金》《罗密欧与朱丽叶》《驯悍记》等为我们树立了榜样。中国的民族舞剧和芭蕾舞剧也是在苏联专家的帮助下成长起来的，也曾诞生过民族舞剧《宝莲灯》《鱼美人》以及《小刀会》，诞生过革命现代芭蕾舞剧《红色娘子军》《白毛女》等，然而我觉得中国舞剧的发展仍然存在着一个空白——精致的古典主义。

受启蒙运动影响，古典主义在欧洲和俄罗斯经过几百年的发展演进，神秘和迷信逐渐褪色，理性和人道占据主导，这一时期的文学、戏剧、歌剧、舞剧都达到了古典巅峰，其风骨庄重静穆，风格华丽典雅。古典主义是理性和情感的高度统一，精致在秩序、规范和准确，明确界限和规律，反对含糊与晦涩。由于粗糙地逾越了这个空白，使得中国舞剧体系架构残缺不全，特别是在选材、构成、结构、语言、舞段设置等方面基础十分薄弱，其结果必然造成重形式缺内容、重叙事缺舞蹈、重技艺缺形象、重理念缺情节、重组合缺语言。这些"重"实际上是"容易"，这些"缺"实际上是"不会"。让我们粗略地反思一下，从新中国成立到现在，有哪一部舞剧留下了经久不衰的经典舞段？有哪些舞剧的演出持续了十年、二十年以上？有哪些舞剧六十多年来成为保留剧目每年都在上演？又有哪些舞剧被其他国家争相上演，具有真正意义上的国际影响？"文革"十年后，精致的古典主义空白被蜂拥而至的西方现代舞填充了，现代舞的各种理念成为中国舞蹈艺术"现代化"的灵丹妙药，一时间使古典舞、民间舞和后来被称为所谓当代舞的纯正性发生了异化，其结果是千篇一律的"四不像"，或者反过来说是"四不像"的千篇一律，共同的特征是沉闷、压抑、阴暗、拖沓、怪诞、病态……其症结依然是由原来的空白蒸发出的虚热，之所以盲从是因为迷失了"自我"。写到这里，我脑海里出现了一些词汇放在这些作品上十分恰当——故弄玄虚、自以为是、无病呻吟、莫名其妙、杂乱无章、不知所云……

填补舞剧发展的空白首先要填补舞剧教学的空白，填补舞剧教学的空白需有清醒明确的舞剧系办学思想、严谨缜密的舞剧教育教学体系和科学有效的舞剧教学方法。从战略上看，我们庆幸中央戏剧学院舞剧系担起了建设中国舞剧的重任，所以，我觉得你们是高瞻远瞩；在战术上讲，要坚守培养集编、导、演于一身的复合型人才，显然这复合型人才必须一手拿起梳子，一手拿起尺子，用梳子梳理世界舞剧史，使之明辨源流，用尺子规范中国舞剧的基本尺度，使之泾渭分明。

再说脚踏实地。

会讲故事是所有戏剧的基本功。话剧的故事靠语言，歌剧的故事靠歌曲，戏曲的故事靠唱念做打，而舞剧的故事只能靠舞蹈，但舞蹈语言相对来说比较"虚"，其魅力也在似与不似之间的"虚",难点不在于"不似",而在于"似","似",就是"是""真""像",所有观众都有权利评价你的"似不似""像不像"。舞剧首要的任务是把"虚"做"实",先把故事说明白,再把故事讲精彩。舞剧系的老师要懂"实"、会"实"、会教"实","实"是舞剧系老师的看家本领。傅雷也曾讲过:"写实可学,浪漫底克不可学;故杜可学,李不可学;国人谈诗的尊杜的多于尊李的,也是这个缘故。而且究竟像太白那样的天纵之才不多,共鸣的人也少。所谓曲高和寡也。"[1]音、诗、画、舞很容易"浪漫底克",不太容易"实",但戏剧离不开"实",舞剧亦然。

舞剧教学解决"实"可从捕捉形象入手。模仿人物典型特征,先不要管是不是舞蹈,先管"像",再管舞蹈的"像"。

舞剧教学解决"矛盾"可从道具入手。"有情况"的道具是人物、性格、情节、事件的象征物。

舞剧教学解决"构成"可从"特殊环境下的特殊人物关系"入手。"特殊环境"就是战争和各种自然灾害等,"特殊人物关系"就是父母、儿女、兄妹、敌我、仇人、战友等,让"特殊环境"与"特殊人物关系"构成矛盾体,往往是戏剧的高潮。在练习中,可以要求学生用三句话说清楚舞剧的"构成",一句是什么环境,一句是什么人物关系,一句是发生了什么。

舞剧教学解决"结构"可从线条入手。线条是情节发展的脉络,在线条上就要看清楚和布局好戏剧的起承转合,而脉络伸展

---

[1] 傅雷、朱梅馥著,傅敏编:《傅雷家书》,江苏凤凰文艺出版社2016年版,第74页。

开来要找到可舞性的点，这些点可推动情节发展，也可仅仅是为了特定的展示。

舞剧教学解决"舞剧"可从情节舞入手。情节舞麻雀虽小五脏俱全，紧要的是开门见山（矛盾），三翻四抖（转折），异峰突起（高潮）和意料之外（结局）。

舞剧教学解决"舞句"可从情境入手。月光下、阳光下、小雨中、大雪中……重点不是月、阳、雨、雪，而是人的感受，是或男人、或女人、或老人、或孩童的感受，这其中当然包括细节和性格刻画。难点是主题动作的确立，主题动作要符合特定情境，具备典型性，且易发展和变化；要点是句句推进环环相扣，能看出标点符号，为舞段展开扎实生根；亮点是独特与流畅。

舞剧教学还要解决诸如"选材""语言""双人舞""托举""风格"等，这些就不一一赘述了，总之，这是要解决"剧"的"实"。

还有"舞"的"实"也很重要。"舞"的"虚"，或说舞剧中看不见舞蹈是当下中国舞剧的通病，看上去更像是行为艺术。舞剧的视听艺术属性决定了除故事以外还必须具有舞蹈的观赏性，如果没有舞蹈，舞剧就是个虚壳，很难想象不懂编舞蹈的编剧怎能完成舞剧的架构，也很难想象不会编舞蹈的编导怎能完成舞剧的驾驭。也许有人会说，舞剧一直在用身体说话难道就不是舞蹈吗？是，蝙蝠再飞不是鸟。我们不能认为一直走来走去是舞蹈，一直跑来跑去是舞蹈，一直爬来爬去是舞蹈，一直滚来滚去是舞蹈，一直站着不动是舞蹈，一直比比画画是舞蹈，一直站起来摔倒站起来摔倒是舞蹈，那是"处理"、是"感觉"、是"意念"、是"概念"、是"动机"、是"链接"，也是虚头巴脑的故作高深。

艺术家既是艺术家也是手艺人，手艺人的"活儿"要货真价实，艺术家的想象力之所以能飞起来，功夫在——脚踏实地。

我觉得舞剧编导的脚踏实地是：1. 学会编动作组合；2. 学会编舞蹈语言；3. 学会厘清动作组合和舞蹈语言的区别；4. 学会叙事舞蹈；5. 学会抒情舞蹈；6. 学会特定的展示性舞蹈；7. 学会编舞剧中的独舞、双人舞、三人舞、男女群舞等各种舞蹈。

培艺，我们是多年的知己，我深知，舞蹈、舞剧是你朝圣的天梯，舞蹈对于你来说是情感、是语言、是文化，所以我看培艺舞蹈历来如同仰视女神！然而，舞剧教学仿佛艰巨而沉重的行囊，行囊里究竟应该储藏什么你要十分清楚！

眼下，舞蹈界自以为是的人实在是数不胜数，读书的不懂舞蹈，舞蹈的不爱读书，读书人写出的文章概念狂欢云雾缭绕，舞蹈人编创的作品东抓一把西抓一把不成风格甚至不成语句，距离美学的形成简直是十万八千里，他们对舞蹈的热爱还是有的，但生存的本能使他们更快地学会了装扮，这是浮躁吗？不，是老到！

我觉得文艺市场也是值得研究的课题，西方文艺市场是在老欧洲贵族文化熏陶异化出的娱乐，而中国文化市场是在大众娱乐需求推动下的精英文化。但舞蹈界却相反，是完全不管文化市场，也全然不顾及大众娱乐，这同样是十分荒谬的。

今天给你写这封信，让我想起了我读过的一本书《与神对话》，是与神对话吗？其实，我们在共同仰望着灵魂的高处，也是在自言自语。让孤芳自赏的人离我们远去，与他们擦肩而过去拥抱艺术的真谛是多么的快乐啊！

　　信写得长了，面对艺术和知己总是没完没了滔滔不绝，让你见笑了。

　　此致
冬安！

张继钢

2016 年 12 月 10 日

艺术家的远处要有一盏灯
——致舞蹈家于晓雪

晓雪：

你好！

我知道你始终把舞蹈《一个扭秧歌的人》视为自己的代表作，我也十分庆幸创作这个作品时能遇上天才演员。二十七年过去了，这个作品一直镶嵌在人们的记忆中，能"历久弥新"（贾作光语）！与晓雪惟妙惟肖的表演艺术之光不无关系啊！

在海南三亚闲聊，说起信仰，曾问起你生命远处的灯是什么？你一时茫然。其实，这个问题在每个生命的三四十年后都应该思考了。这之前，你能做命运一半主，这之后，就必须是自己命运的主宰，因为人生格局初显，你的与众不同或出其类拔其萃，要由过去的热爱转化为未来的使命了。能心无旁骛，说明你知道自己是一个什么样的人，能一心向往，说明你已经看见了自己远处的那盏灯！

于晓雪，舞蹈表演艺术家、编导，中国民族民间舞考级中心主任。主演：舞蹈《一个扭秧歌的人》《残春》等；创作：歌舞剧《走西口》、佛教舞剧《千手千》等，曾获中宣部、文化部、中国文联"跨世纪青年舞蹈家"荣誉称号。

那盏灯，不是别人为你点燃的，是你过去的最高成就点燃的，故此，我为你写了《于晓雪独白》，参考而已。

于晓雪独白

我是一个扭秧歌的人!

我是"占十里",也是"万人迷"!我是"蛤蟆丑",也是"牡丹红"!

我的秧歌通灵,我的秧歌化神!

一根绸子接天地,十字花开舞山水!

我用兰花指点开你的笑脸,用二花脸消解你的辛酸!

你说我是人也行,说我是仙也对;说我醒着也行,说我醉了也对。

我已生了五千岁,还要再活万万年!

注:

"占十里"等为山西秧歌艺人的艺名。

"绸子",汉族红绸舞的绸子。

"十字",汉族民间舞十字步。

"兰花指",中国戏曲和中国古典舞的手势之一,是表现女性的手姿。

"二花脸",中国戏曲的"丑"角儿。

此致

春安!

张继钢

2017 年 2 月 9 日

换个角度说说话
——致中国民族民间舞蹈考级中心于晓雪、吴海文

一

晓雪、海文：

你们好！

早就听说你们在做舞蹈考级，我问别人考级是什么？他们也说不上来，只是说舞蹈培训。

我想，这封信就先选择从舞者的角度说说吧。

现在仅一个太原市就有成千上万学舞蹈的孩子，北京和上海的舞蹈教室永远不够用，这令我们深思，舞蹈究竟让人生发生了什么？是什么魔力让这些孩子甘愿"活受罪"，拉筋、甩腰、撑胯，无论多么痛苦也停止不了他们幸福快乐的舞步。我想，只有一个理由——热爱！热爱，是唯一靠得住的动力，是用之不竭的能源，是可以冲破一切阻力的强大动力，热爱这个动力极其"可怕"，因为动力来自内心的沸腾，那种使自己生机勃勃的动力，只能是来自你的内心。那热爱舞蹈并甘愿为之献身的真正原因又是什么呢？贾作光老师认为应该是"为人生而舞"。伊莎多拉·邓肯反感古典芭蕾的刻板僵化，她的美学思想可以归结为一

吴海文，中国民族民间舞蹈考级中心常务副主任。

句话：美即自然。在她的眼中，自然界一切都在舞蹈，而且远比人类自由舒畅得多。那么我权且解读她为"为自由舞蹈"或"为生命歌唱"。

然而，这些舞蹈哲学的答案似乎都太"深刻"了，显得老气。让我们试试把目光投放到由成千上万舞蹈的孩子组成的"汪洋大海"，他们中绝大多数无目的，热爱舞蹈的基本因子，是和着音乐跳舞时身心体验到的无以言表的快乐、愉悦、享受、美好！而这些美妙感受很多时候与别人无关，好像只要有音乐在，我一个人跳舞就够了。这不是自恋，接近自娱，是自我体验，在这美妙中"我"感受着另一个更棒的"我"，看见了与众不同也与我不同的"我"，仿佛音乐和身体正塑造着一个"超我"，这个"超我"不仅超现实中的我，还超人，"超自然"，在舞蹈中可天可地可山可水，可风可雨可花可草，简直太棒了，如果有人在旁边观看，"我"会"人来疯"，如果有人鼓掌，"我"就会"飘飘然"，如果有人赞美，"我"会证实一个事实——"我"是美的！于是，我很美！

人的生理和心理都非常敏锐，饥饿有饥饿感（生理），幸福有幸福感（心理），痛有痛感（生理），美有美感（心理），如果问艺术让人生究竟发生了什么？回答是——艺术美感唤醒了生命美感！

分析舞者跳舞动机，到此为止比较好，再往下会失去天然和纯粹。但附加值得说说，舞者强烈喜欢舞蹈会有利于培植投入、专注、用功、协调；多数会用脑灵活、举一反三，只有个别才呆头呆脑。美国斯坦福大学舞蹈系研究显示，在跳舞、打网球、游泳、猜字谜等休闲运动中，跳舞的人精神敏锐度最高，患认知障碍症的风险下降了76%。跳舞同时需要大脑、肌肉和情感协作，这对增强神经系统功能很有帮助。此外，跳舞还可以减压、促进心血管健康、有助于交际；舞蹈这一艺术类别是生成团队意识、培植集体荣誉感的土壤，所以，这群人当中说"我"，但也常说"我们"。

舞蹈是感性的，舞者相对来说是单纯的，从小学舞蹈爱舞蹈有利于植根信仰，这信仰里清晰的是尚美，朦胧的是坚持和善良，基本功是吃苦，不服输是常态。海南嘉积中学男子舞蹈团是也，委内瑞拉音乐救助体系是也。人有这信仰，坚守一生且无所畏惧是十分可能的，无论物质丰厚或贫瘠，精神能永远屹立，这是多么宝贵的学习舞蹈而能生长出的附加值啊！

仔细分析，也许附加值还能更多，但不能延伸过度，不能是强加的东西，那样就失真了，得出的结论实际上是不存在的又有什么意义呢？

那么，舞者究竟为什么要舞蹈呢？舞者在舞蹈中感到"过瘾"的究竟是什么？舞者热爱舞蹈的唯一理由究竟是什么？其结论可能多少会使"理性"感到突然与失望，我们发现，舞者"舞蹈"的理由似乎没有那么严重。我的外孙女刘益朵今年五岁，她每周六下午都去学舞蹈，我问她为什么要去学舞蹈，她说：喜欢。我问：为什么喜欢？她说：喜欢就是喜欢，为什么要有为什么呢？

对呀，为什么要有为什么呢？我们拨云见日似乎看见结论里一个极其醒目的关键词——自娱。自娱，就是借助舞蹈去体悟人生之美好。

舞蹈考级在本质上就是美育，能培育孩子们对舞蹈的兴趣就好，考级就是为了有效地提升兴趣。那么小的孩子，跳得好不好实在是不重要，重要的是兴趣、痴迷、入神、陶醉，是酷爱和献身！

为某某而舞，概念太大，概念太大就失去意义了，其实很简单，舞蹈很美，我们的福分是因为人生有舞蹈！

你快乐吗？好，跳舞吧；

你忧伤吗？来，跳舞吧；

你无聊吗？好，跳舞吧；

你痛苦吗？来，跳舞吧！

愿你们的舞蹈考级事业愈办愈兴旺！

此致

夏安！

张继钢

2017年6月23日

二

晓雪、海文：

你们好！

在人的一生中只要学过舞蹈跳过舞，这个"爱"就像"中了毒"一样戒不掉了。如果说初习舞者是自娱，那么舞蹈教师就是示范。不示范行不行？不行，控制不住。

记得许多老舞蹈家看完晓雪表演的《一个扭秧歌的人》后，老泪纵横地说：那秧歌艺人就是我，他老了还不忘记培养秧歌的接班人，境界高觉悟高啊。我说也许秧歌艺人没那么高的觉悟，他就是好为人师。教别人跳舞也很过瘾，自己美不说，还得到了被羡慕的敬仰的崇拜的神往的目光，我比你们好的感觉是多么的美滋滋啊！增加了钦佩者追随者爱戴者信仰者，说众星捧月时的"月"是什么感觉，就是那个感觉！

示范，首先是老师必须会跳舞，舞跳得不好是"天灾"，缺少教学法是"人祸"。北京舞蹈学院曾有一位老师叫刘友兰，个子不高，胖胖的，我认识刘老师时，她已六十开外，她不跳舞时并不引人注目，是很普通的人，然而一做示范，顿时就美得"六宫粉黛无颜色"，简直光芒四射！她浑身是音乐，调动着所有细胞流动、凝滞、呼吸、爆发，那韵致是什么画家也无法描摹，什么诗歌都无法形容的，这美，只能属于她，属于舞蹈！由于老师的示范太美了，常常令所有学生目瞪口呆，忘记了跟着老师学舞，似乎变成观众了。

说来也怪，看一群人跳舞，发现最会跳舞的往往是胖的、矮的，或是眉眼不怎么俊的。身材三长一小（腿长，胳膊长，脖子长，头小）的标准人常见"白开水"。这是题外话。

有一次老师给我的分数是全班最高的，5⁻，我问老师："怎么不是5分呢？"她说："我印象中从来没有打过5分。"嗯，在她眼里学生永不完美，这样的老师才是满分！

没跟着一招一式学，学会了吗？学会了，因为老师的美牢牢印在了脑海，这脑海又清晰地指挥着身体。

老师的关键词出来了——示范。

老师示范的质量就是学生考级的质量。

祝你们更好！

张继钢

2017年7月17日

三

晓雪、海文：

你们好！

换个角度说说话，站在自己的角度（编导）说话，反而不会说话了，结结巴巴的……

"看见"最重要，罗丹说的是"发现"。

对于编导来说，识别了美是"肉眼"，看见了别人所看不见的，那就开了"天眼"，如果看见别人无论如何也看不见的，那就是"慧眼"，如果看见的东西在一百年以后还是光辉灿烂，那可能是"法眼"了，至于"佛眼"，就只好去叩拜参悟佛祖了。

编导要看见，不看见就不激动。"看见"什么？我最近给中国杂技团搞个节目，去团里看了好几次爬杆，一筹莫展不知从何下手，看了好几次爬杆不就是看见了吗？怎么还说看不见呢？对，那是看见了形式没有看见内容，我看见他们爬杆，但不知道他们为什么爬杆。忽然，艾伊瓦佐夫斯基拿着他的油画《九级浪》敲开了我的脑门，九级浪，桅杆，抗争，无畏。有了！这就是"看见"。

舞蹈编导有美学思想的不多，再数也只能掰下两三个手指，孙颖应该占一个。

编导的作品自以为很美，其实不美，这现象较普遍。

编导自以为是的多，自以为不是的少，我是又自以为是，又自以为不是，不做事就自以为是，一做事就自以为不是；看别人的作品时老自以为是，看自己的作品时老自以为不是；昨天看还自以为是，今天看就自以为不是；看新出炉的作品就自以为是，回头看老作品就自以为不是。

动作在孩子眼里是舞蹈，在老师手里是教材，在编导看来是材料，是语言材料。

极端点看，对于舞蹈人来说，人生就是为舞蹈准备的，用嘴说话是入世，是人性；用身体说话是出世，是灵性……

有管编导称为编舞的，又不是织毛衣，今天编这花儿，明天编那花儿，编组合也是编舞，但那绝不是作品。西方怎么叫，咱们也跟着怎么叫，逮个西方的词儿就以为现代化，就以为时髦，就以为"专业"，实在没必要。

艺术能够共享，但本质上是心灵独处。独处时，你的空间很大，可以大到无限；相处时，你的空间很小，这是因为要给别人让出空间，你也要进入别人的空间。艺术可与你的灵魂悄悄相会，也会把你的独处空间无限放大，我们常说艺术要往心里去，心里，就是独处的空间。

你的作品不能雅俗共赏，是因为你看见的那个"美"别人不觉得美；你的作品雅俗共赏，是因为你看见的那个美正是人们所渴望拥有的。

我给潘志涛老师汇报《一个扭秧歌的人》的构思时，他说："一个糟老头子有什么好看的？"你看，我看见了，他没有看见，舞蹈出来以后给他汇报，我还没说话呢，他已是泪流满面了。

看见，是一切艺术创造都必备的素质，而且必须同时看见两样东西：一、独特，二、美。

如果我给编导摊开一堆词汇，他们会首选哪个词呢？

主题内容形式风格

形象构成构思结构

画面造型律动技巧

……

那么，编导排在第一位的素质应该是什么呢？我们不妨再列一堆词汇：

审美想象逻辑

提炼整合判断

文学音乐美术

……

晓雪、海文，你们一定想"看见"我心中的答案，我不能说，因为因人而异。

这封信的关键词应该是——看见！

致

礼！

张继钢
2017 年 7 月 19 日

四

晓雪、海文：

你们好！

我经常一个人坐在观众席里盯着舞台冥想，那种感觉实在太美妙了，空空的什么都没有，满满的什么都有，你试着看见了"他们"，就仿佛看见了舞台上的各种气象……

编导是一个在舞台上和观众席游走的人，常琢磨舞台上怎么了，观众看舞台上的"怎么了"和编导的感受是否一致。

我估计我和多数编导的不同在于，我不在乎圈子，而在乎欣赏舞蹈的观众，在乎观众不是迎合，而是启蒙。

我常暗示自己：

"他们"都没有见过舞蹈，要让所有人感到神秘；

"他们"都很冷漠，用素朴和亲切走近"他们"；

"他们"不认识你，但你要主动认识"他们"；

"他们"很清高，那是假象，用意想不到摧毁他；

别以为"他们"见多识广，"他们"预期你不过如此正是你的机会；

作品不要"眉飞色舞""声嘶力竭"，那会失身份；

"他们"见过美，那是常规，要为他们准备独特的；

静悄悄地告诉"他们"，我才是你的天使；

"他们"都从宽门进来，太好了！你要在"窄门"处出现；

"他们"其中一部分人是来剧场消遣的，让他们得到意外收获，要让"他们"一目了然，过目不忘；

"他们"目不转睛就是赞美，那是"他们"的鲜花要从心底送出来了；

其实，"他们"是沉睡的，等待被你唤醒，等待你的灯一点一点照亮心灵！

晓雪、海文，其实我们都是观众。

我常想，舞蹈也需要市场，独树一帜是价值，影响力也是价值，抱怨观众不懂舞蹈毫无意义，扬着一颗空洞的脑袋不向"低俗"跪下去是多么的荒唐！如果我们要说到舞蹈的力量，是永远避不开感染力和穿透力的！

致

秋安！

张继钢

2017 年 9 月 9 日

五

晓雪、海文：

你们好！

从人类历史的长河看舞蹈，有利于我们：1. 认识舞蹈的本质，2. 识别舞蹈的特征，3. 明晰舞蹈的意义，4. 通晓舞蹈的本体，5. 鉴别舞蹈的等级，6. 维护舞蹈的纯粹，7. 诊断舞蹈的疾患，8. 明确舞蹈培训的方向，9. 推动舞蹈的健康发展。

舞蹈是人类最早最原始的艺术，原始阶段发展漫长而缓慢，即便到了人类文明的初始时期，舞蹈也还远没有成熟到形成职业能够谋生，即便是通灵驱邪的巫师也是兼职，而成为职业并诞生了舞蹈家实在是后来的事了。然而，探究一门艺术的本质特征，"原始时期的特征在一切特征中最有意义"[1]。历史赋予舞蹈基本的、本质的、鲜明的根本特征是——手之舞之，足之蹈之。

在人类文明的初始阶段，舞蹈是情绪化的抑制不住的宣泄，是礼法化的庄严仪式，是等级化的娱乐体例，是超现实的通灵载体。面对生命其功能是歌唱，面对生活其功能是娱乐，面对统治其功能是神圣，面对命运其功能是占卜，面对神灵其功能是祈祷。在冥冥之中感觉到人是上天赐予的，认识到人最高贵，人体至美。最低层级的表达和最高层级的境界都是靠无言的舞蹈，其魅力在无言。舞蹈无言，派生出的魔幻感仿佛神力所为，

---

[1]〔法〕丹纳著，傅雷译：《艺术哲学》，生活·读书·新知三联书店2016年版，第388页。

由于舞者天人合一的自我陶醉更强化了舞蹈的神明暗示，这暗示是虚幻的也是抽象的，是符号的所以也是象征的，是外化的空灵之美和内化的神秘之美的天然融合。这一点舞蹈与音乐很像，虽然音乐是给耳朵准备的，舞蹈是给眼睛准备的，但它们都不是用嘴能说出来的，是需要心领神会的。舞蹈又与诗歌很近，因为诗歌不是用来实用交流，而是心灵的精神的抒发和传递，诗歌要一个字一个字读，又不能一个字一个字读，就像舞蹈不能一个动作一个动作地看，音乐不能一个音符一个音符地听一样。诗歌要读出文字后面的意念，领会全篇整体的意象。因此，自古以来，诗乐舞常为一体。所以，自由的舞蹈却反过来以神圣（礼法）制约自由，是人类文明初始阶段的标志之一也就不难理解了。

站在人类史的角度看舞蹈，再站在舞蹈的角度看中国，忽然觉得，今天会跳舞的人太少了，真正意义上的舞蹈稀缺了，舞蹈好像可有可无了。

让我们回到重点，说说舞蹈特征。

先仰望一下新中国的舞蹈先驱吴晓邦、戴爱莲、贾作光等巨人，我常想，他们为什么比我们高明，他们的舞蹈世界没有建筑在我们之上，而是我们的舞蹈建筑在他们之上，地基是他们！就好比有了他们的一楼，才有了我们的二楼三楼一样。请仔细看看，一楼的门窗都通向原野。人，是大地之子，舞，是时代之舞，人，是诚诚恳恳，舞，是结结实实。做人有教养，编舞懂分寸，每个人的每个舞都有着清晰的素朴的闪光的来龙去脉，在哪儿都能跳舞，说着说着就跳起了舞，心是滚烫的，情是炽热的，是一代热爱跳舞的人，认真跳舞的人，会跳舞的人，是会教会后代跳舞的人。那代人的艺术观比我们单纯，舞性淳朴，舞蹈也比我们纯粹。遇到大雪纷飞的时候，他们不说很冷，而是就地模仿着雪花摇摆着身体说：好美啊！他们"谁"都干干净净，清清楚楚。他们脚踏实地、规圆矩方地守望着舞蹈的本体特征。相比之下，我们这代人"见多识广"，观念纷繁，欲望驳杂，舞蹈空洞，作品脱实向虚，即便仔细"考证"也难以辨认出谁是谁。

当下的舞蹈界，会说舞的比会跳舞的还多，虽然想跳舞的人成千上万，但会跳舞的人却寥寥无几。看舞蹈却看不见舞蹈，看民族只能看见服装而看不见"民族"舞蹈，看现代只能看见西方而看不见现代，看舞种只能猜测立足尖的好像是芭蕾，技巧高难的好像是"当代"，扇子手绢应该是"民间"，走来走去跑来跑去，想打滚打滚想说话说话，说也说不清楚跳也跳不明白的就归"现代"了。舞蹈呢？呜呼！再也看不见了！

晓雪、海文，蔡元培先生曾讲过："决定孩子一生的，不是学习成绩，而是健全的人格修养！"[1]"教育是帮助被教育的人，给他们能发展自己的能力，完成他的人格，于人类文化上能尽一分子责任；不是把被教育的人，造成一种特别器具，给抱有他种目的的人去应用的，……教育是要个性与群性平均发达的。"[2]艺术培训，舞蹈考级，肩负着美育的使命！我们必须搞明白，人为什

---

[1] 蔡元培著，张剑释译：《中国人的修养》，哈尔滨出版社2012年版，第308页。
[2] 蔡元培著，高平叔编：《蔡元培教育论著选》，人民教育出版社1997年版，第377页。

么要舞蹈，舞蹈到底是干什么的？舞蹈的特征究竟是什么？我们不能误人，他们不是"特别器具"，也不能误舞，"给抱有他种目的的人去应用"！教会孩子们跳舞是美育者的责任，让孩子们在舞蹈中感受快乐，从跳舞进入完善人格的轨道！

"美者，循超逸之快感，为普遍之断定，无鹄的而有则，无概念而必然者也。"[1]舞蹈是有原则的，原则是其属性天然带来的，不跳舞就没有舞蹈，不会跳舞舞蹈就极易被扭曲变种，这是舞蹈的本质特征告诉我们的！

我曾对晓雪说过，一根绸子接天地，十字花开舞山水！

我曾对海文说过，你们必须看见远方，远方的那盏灯才是使命！舞蹈只有回归到纯粹，才能在阳光下绽放！

说完了，似乎还远没有说完……

致

秋安！

张继钢
2017 年 10 月 7 日

1　蔡元培著，高平叔编：《蔡元培美育论集》，湖南教育出版社 1987 年版，第 42 页。

舞蹈是人的天性
——致中国民族民间舞蹈考级中心

海文、晓雪：

你们好！

你们让我写的《序》已经写完了，就这几个字折腾了我一宿。写前我认真读了潘志涛老师《写在前面的话》，勾起了许多童年的记忆……

人是环境的产物，全民才是土壤。

我的童年处在1966年至1976年这样一个极其特殊的年代，生活在"大好河山"的我们信仰明确，精神充实，生命的任何一根血管里的血液，在任何一天不是流淌而是奔流！大人们太忙了，他们见面就谈国家大事，回家就向自己的灵魂深处闹"革命"，连每顿饭前都要向远在首都北京的毛主席请示汇报。在这祖国山河"形势一片大好"的状态下，他们彼此揭发隐私，甚至夫妻反目，兄弟厮杀。那时，到处都有宣传队，工厂、部队、机关，大学、中学、小学，"六亿神州"人人会唱"语录歌"，个个会跳"忠字舞"。人们走在街上随处都能看见一圈一圈围着的人，有的是在面红耳赤地辩论，有的是在表演歌舞《北京的金山上》《大海航行靠舵手》。人人都具有极高的"审美"力，我记得大哥、二哥、三哥都在家里指导和纠正过我的握枪舞蹈姿势，大哥说握枪的拳头应该是空拳，要表现出枪的宽度和厚度；二哥说不对，应该是实拳，要紧握钢枪才精神。其实他们不如我，因为我也是宣传队的骨干，而且是"反修小学毛泽东思想宣传队"的队长，在榆次早就"名扬四海"了，记得我陪母亲走在街上，随处都能听到呼唤我的名字，每到这个时候我总仰头看母亲，母亲也总是望着远处微笑……

停课闹"革命"彻底唤醒了我们的天然禀赋，给了我们太多的"美好"，白天唱歌跳舞，晚上就挑灯夜战看"毒草"，青少年时期的好奇心十分强烈，你愈说是"毒草"，就愈是想探究"毒草"的究竟，所以在那个年纪就基本上把大部分古今中外的经典小说、诗歌、戏剧剧本、电影剧本读过了，这种偷读"毒草"背诵诗词的情况不是只有我一个人，而是一个群体，一种风尚。不仅如此，还能背诵莎士比亚的名句和《红楼梦》的诗词，唐诗宋词元杂剧就更不在话下。我在二十岁前还写过若干小说、诗歌和三个电影剧本，这与在解放前就从事教育的家父有关，他一心想培养我从事创作，特别是文学创作。他经常修改我的"作品"，对我未来当文学家寄予厚望。可惜，时代让我走入了另外的大门。

说来也怪，那个文化浩劫的年代却培植出不少支撑起当代文化的顶梁柱，让我们不点名地数数看，当今的文学家、艺术家有多少是成长在那个年代？这个现象让我想起了意大利文艺复兴的前夜，欧洲中世纪的宗教对人们精神禁锢的时间久了，人人戴着面具，大摇大摆地活给别人，也悄无声息地活给自己，严密编织出一个奇怪的构造，一方面是内心挣扎，另一方面是虚无缥缈，一方面是压制，另一方面是苏醒。我们知道，不是大自然属于人类，而是人类属于大自然，在浩渺无垠的宇宙中还有一个同样无垠浩渺的宇宙，即人的心灵宇宙。也许，在黑暗土壤里播种的只能是更为强烈的光明向往！

把话转回来，还是说说男孩子跳舞的事吧……

谁也不想让那个文化浩劫的"文化大革命"再发生了，然而，在那个激情燃烧的岁月里，跳舞是多么自然多么快乐多么荣耀的事啊！而且跳舞的男孩儿总是那么阳光，数量也远远多于女孩儿，因为男孩儿勇敢，爱出风头，女孩儿羞涩，唱歌还行，跳舞就不如男孩儿帅气，所以主角往往是男的，女的往往是色彩色彩而已了……

如今是三十年河东三十年河西了，男儿有志于别的更实际的东西了，也好，"物"以稀为贵嘛！

想得太多，也扯远了，最后附上正文，请审阅……

序：舞蹈是人的天性

在古希腊，"雅典的青年人到十六岁为止的全部教育就是舞蹈"[1]。

跳舞启智是不争的事实，身体在舞动中，血液愈是加快，情绪就愈是激动；如果舞动愈是舒缓，心情就愈是超脱，身心会

---

1 〔法〕丹纳著，傅雷译：《艺术哲学》，第328页。

像浮起来或飘起来一般，这些都有利于精神的集中和对事物的关注！

　　舞蹈健身是不争的事实。肌肉生长是一个不断刺激、补充、生长的过程。但健身还不等于健美，健美是全身的、有序的、科学的，目的是让人体更像"英雄"。但健美的人体也难免迟钝僵硬，肌体素质还够不上"天使"，天使的肌肉才会唱歌！

　　舞蹈美育是不争的事实，不仅能培植识别美丑的能力，还能直接体验美、感受美、欣赏美和创造美，把健康的审美观早早播种在童真的心田是极其明智的，因为，审美的觉醒是根本的觉醒！

　　走进舞蹈的大门，女孩儿是挤进去的，男孩儿却要昂首阔步。让我们算算账，摘取各种比赛王冠的早已是龙飞凤舞平分秋色了！

　　爱美是人的天性，你是雕刻的"智者"，就把多余的砍掉；你是舞蹈的"英雄"，就把想要的夺回来！

　　此致
冬安！

张继钢
2017 年 11 月 7 日

秉烛夜话·张继钢论艺术

03 部分

NTER THROUGH
IARROW DOORS

从窄门入

谢上苍的眷顾
我们从缝隙中看见了别人所看不见的
是何等宝贵的缝隙啊，别人看见了灰，
我们却看见了从朦胧缝隙中挤出的光，
们一起弹去灰尘
真金露出来……

ZHANG
JIGANG'S
ART
THEORY

向死而生
——致视觉艺术家蔡国强先生

老蔡:

你好!

我们认识十几年了,总有说不完的话,但写信还是第一次。

看了你的电影《天梯》很有感慨。天梯的形象一直闪现在我的脑海,我一直在内心追问——艺术究竟想点燃什么?《天梯》像生命夜空里的一道光,这光,有一种神力,即使面对"幻灭",它还是那样勇往直前!最后一点光焰熄灭了,但内心的光点燃了。你看,人们的目光和神思依然在茫茫夜空中挺进,向着大片的黑、无限的暗挺进,这令我想起《圣经》开篇所言:"神看光是好的,就把光暗分开了。"[1]

在人生的路上谁都需要鼓舞。进取中遇到挫折会消沉,实现梦想有时也会产生空荡荡,这些都是精神领域的复杂东西,谁解

---

[1] 出自《旧约·创世纪》。

蔡国强,艺术家。2008年北京奥运会开闭幕式核心创意小组成员及视觉特效艺术总设计。创作横跨绘画、装置、录像及表演艺术等数种媒介材料,尤以火药爆破艺术和大型装置艺术影响海内外,足迹遍及五大洲所有国际大展。代表作:《蔡国强在屋顶:透明纪念碑》《我想要相信》《一夜情》《农民达·芬奇》,电影《天梯》等。

决呢？哲学和宗教缺乏形象，不直接，所以乏力，于是，艺术站了出来……

看《天梯》，起初是艺术（烟火），接着是哲学，最终是宗教。我在想，这效果是怎么实现的？是什么让老蔡起手就在巅峰上？左思右想，只能是创意，是"道""术"俱佳的绝妙创意。

记得在2008年北京奥运会之后的第二年，中国某大城市也举办了一届国际赛事，主管文化的副市长在电视采访中自豪地讲道："我们开幕式的焰火燃放量是北京奥运会开幕式的几倍。"我听后颇为吃惊，这等没文化之人怎能管好文化？我真为此副市长感到汗颜，他的语言简直像个"暴发户"和"大金牙"，说了半天是炫耀有钱，就是没有焰火理念，更谈不上举办开幕式的观念了。相信他只看见北京奥运会焰火的节日气氛，决然没看懂北京奥运会开幕式的二十九个"大脚印"和残奥会开幕式生命与"植物"歌唱的理念。

烟火，又曰焰火、礼花，始于唐代，兴盛于宋代。对于大多数人来说，也就是个节庆，热闹，止于好看，止于术。

孙子兵法曰："道为术之灵，术为道之体；以道统术，以术得道。"火药，在老蔡，就是术，是与世界对话的载体，仅此而已。

我做艺术常常三问，一问"我是什么"，二问"做什么"，三问"怎么了"。权且拿阁下和作品《天梯》做例：一、我是"火药"，二、做"天梯"，三、"天梯"怎么了？第一问答是"术"，第二问答有"术"有"道"，第三问答是"道"。大多数艺术家一生只回答也只证明了第一个问题，是一生的"术"，也"术"

了一生。

我深信阁下是"道",你基本上是把心力用在了第二、第三个层级。实践证明,只要得道,作品发表之日,就是神性显灵之时。

那么"道"到底是什么呢?中国道家认为,人生的最高境界和目标是修道、得道。道教徒把自己称为道士,唐代大文学家韩愈也把教师的主要职责概括为"传道、授业、解惑"。我想,对艺术而言,"道"即生命意义和崇高境界。

那么怎么得道呢?为什么自古以来得道之人寥寥?我觉得一位艺术家能否抓得住隐藏在事物表象背后的本质和规律,显示出了一位艺术家是否拥有智慧。人们在创作的时候,往往被光怪陆离的表象所迷惑,做艺术不能抓住事物的本质,常被事物的表象牵着鼻子走,视野不宽,格局不大,境界高度自然够不上去。这是个苦苦向内修,向内找的过程,不能向外寻觅。说到底还是个观念与视野问题。

再说《天梯》。《天梯》妙在留白。梯子是给人准备的,只见梯子在向天空延伸,人呢?所以谁看见这一梯子,这梯子就是谁的,可见天梯"载道";妙在意志力,梯子已成符号,是向上攀登的符号,"天梯"燃烧着向黑夜的天空前进昭示出了不屈的意志;妙在庄严感,焰火的绽放本身已是壮丽,在黑的夜空中"天梯"独自升腾,穿越屋宇,飞越河流,跨越山丘,向无穷尽的夜空挺进,义无反顾,从容不迫;妙在仪式感,《天梯》是献给奶奶的作品,奶奶已是百岁老人,只能留在家里与野外的你们视频对接,这"天梯"又升华成"人生"了,是奶奶一生的写照,"天梯"灿烂就是奶奶的灿烂,"天梯"怒放就是奶奶的怒放!奶奶和"天梯"符号融合,天人合一,想起"天梯"就会想起奶奶,永恒在一起了,也一同成为向死而生的象征!

艺术美感唤醒了生命美感,也点燃了生命庄严!

国强兄,我们第一次见面时你自谦"我是做火药的",起初不解,今日渐悟,你天然背负着使命,用火药点燃了崇高!

中国发明了火药,火药又绽放出了一位杰出的艺术家!真好!

你早已享誉世界,还在默默耕耘、孜孜以求,向你致敬!

张继钢

2017年6月26日

欲得好"构成",须从"窄门"入
——致文艺理论家张华

张华:

你好!

2016年4月27日我去了上海朱家角,中餐安排在一家客栈,此客栈特色之一便是有评弹小唱。评弹吴侬软语娓娓道来,一下子就把我拉入到江南市井。我向同来的朋友提议迟一点用餐,并把座椅向前挪了挪,专注地听了几出名剧片段:《杜十娘》《怨东风》《楼台会》,等等,听着听着就出戏了,眼前浮现出手眼身法步的中国古典舞,评弹一板一眼,舞蹈一招一式,好美!评弹加古典舞语境和谐,双档二人加角色三五,轻装上阵,好美!评弹实着道来,舞蹈虚着化开,虚实相生又像中国水墨,这又让我想起老子的话:致虚极也。好美!回想起来,这就是中国古典舞剧《玉蜻蜓》的第一次"看见"了。

那往后,我想了很多很多,中国古典舞教材丰厚,作品稀

张华,舞蹈理论家、评论家。2008年北京残奥会开闭幕式核心创意组成员、残奥会闭幕式文学工作室主任,大型音乐舞蹈史诗《复兴之路》核心创意组成员、舞蹈部副主任。主要作品有:舞剧《邹容》、歌舞剧《山里娃》等,著作《创造者张继钢》等。

缺，苏州评弹也失去了往日繁华，书场人烟稀少门可罗雀，且老年人扎堆儿，不少评弹名家放下身段步入大小堂会，是这些东西过气了吗？会不会伴随着信息化时代的扑面而来愈加萎缩？我判断，非常可能。因为眼花缭乱的时代会令古典的正统、规范、含蓄、精致惊慌失措，社会发展速度愈快，人们愈没有耐心听你哼哼呀呀，看你磨磨叽叽。然而，时尚的疯狂追赶着时尚，清高的依然守望着清高，是谁也不理谁吗？不是，是人家"时尚"顾不上吵理你（俚语，"懒得理你"之意）"古典"了。时尚对古典绝不高攀，古典对时尚也绝不低就。这种审美撕裂的结果是，时尚的昙花一现，古典的孤芳自赏。

写到这里我在想，究竟是什么人在什么时候以什么样的方式确定了京剧、昆曲、评弹等的经典地位，旧中国兵荒马乱，戏子地位低下，显然不太可能。要说是新中国成立以后也有问题，因为伴随着新文艺的蓬勃发展和新媒体的传播，中国戏曲逐渐式微，戏迷圈子愈来愈小，群众基础愈来愈弱，人们对这些剧种的唱腔、韵白、脸谱均觉遥远而陌生，经典地位总不可能是其在低谷时奠定的吧？然而，这种可能性确实存在，也许，就是在这种被冷落的状态下反而引发了社会的格外关注，在这"拯救"心理的驱动下使人们忽然仰望悬挂在空中的冷月感叹——看，那是中华骨血，能代表中国，它们才是经典！

那么问题来了，面对经典，是供奉？是"复诵"？是标榜？是保护？还是承传变革呢？

感谢上苍的眷顾，让我们从缝隙中看见了别人所看不见的，这是何等宝贵的缝隙啊，别人看见了灰，而我们却看见了从朦胧缝隙中挤出的光，咱们一起弹去灰尘，让真金露出来，把评弹的古典韵味与古典舞的韵致融合，让这两个"难兄难弟"携手，在金光闪闪中分不出你我，诞生新的"这一个"，一起照亮我们心中的艺术，也照亮生活在当代的人们！

最后说句俗语，感谢你在中国古典舞剧《玉蜻蜓》剧本写作中付出的智慧和辛劳！

此致

夏安！

张继钢
2017 年 7 月 15 日夜

这仅是戏子们的《戏台》吗?
——致戏剧表演艺术家杨立新

立新:

你好!

真不容易,我夫人看近三个小时的话剧没有打瞌睡,她可是最不爱看话剧的人,这次来看《戏台》是被我强拉硬拽来的。

我觉得,胜过立新和佩斯以往所有的话剧、影视与小品,这部作品好极了!

谢谢你邀请我观看这部无可挑剔的作品!

这个戏是好剧本,好导演,好演员!理由如下:

是三句话就能让人听明白听出奥妙的好构成。环境特殊(背景:民国时期军阀混战,地点:德祥戏院后台),人物关系特殊(三教九流),事件特殊(张冠李戴、颠倒错位)。把这个题材放置在这个地点极易生事,所有人物都能被合理地扭曲变形,这是特殊环境下构成的特殊人物关系。凭此,怎么赞美编剧毓钺也不会过分。

戏中没有一个人物是稳定的,每个人都活得心惊肉跳、七上

杨立新,话剧表演艺术家,北京人民艺术剧院一级演员。代表作:话剧《茶馆》《黄鹤楼》《甲方乙方》《半边楼》等,电视剧《我爱我家》等。2018年3月,入选《中国电视剧60年大系·人物卷》。

八下,唯有"爱"还在坚持!

全乱了,不论什么阶层什么身份都会聚到戏台,而且还是后台。《戏台》戏好,一个重要指标是折射了一个时代。"三一律"的《雷雨》是一部经典,《戏台》亦庄亦谐,更是!而且是反映了中华民族历史上最动乱的也是最风雷激荡的时代!

好的戏剧矛盾能使人格分裂得彻底,且理由充足十分自然。这个戏离不开夸张,一般情况下,夸张和做作形影相随,但《戏台》的夸张都在尺度中,毫无斧凿之痕,这在喜剧中是极为罕见的。所有的表演都是人物自己生长出来的东西,无论是大嗓儿还是侯班主,无论是洪大帅还是金啸天,小人物说大就大了,大人物说小就小了。还有那吴经理、六姨太、狗鼻子卫队长、男旦凤老板、帮头、秘书,等等,有钱的靠钱,有色的卖色,有权的使权,有势的仗势,有名儿的就客大欺店,无名儿的就任人摆布。

小小的后台储藏着神圣与龌龊,预示着角色的角色"出生"前台的光鲜与人物的人物"入死"后台的肮脏,这让我想起张爱玲的话:"生命是一袭华美的袍,爬满了虱子。"

当一个人,不再是炫耀而是照耀的时候,他的生命将变得真正富有!佩斯"因祸得福"告别了靠出洋相取悦观众的"小品",总结了自己,总结了媒体;总结了"脸熟",总结了深沉;总结了"小品",总结了容量;总结了"包袱",总结了"伎俩";总结了喜剧,也总结了艺术!站在了"更上一层楼"的境界,这境界才是有可能镌刻在艺术史上的起跑点!这一点从他做编剧、导演、演员的综合的史诗般驾驭就可以看见了。虽然付出了"果断决裂"的痛苦，但捍卫了尊严，抛弃了"鸡零狗碎、小打小闹"，更可宝贵的是觉醒，是浴火重生，这一切仅凭机灵是决然办不到的！他作为我们同时代的艺术家令同人感到充实与崇高！

同样，我也天天等待过《我爱我家》，是一天之中休闲娱乐的一部分，茶余饭后的谈资。我无意对艺术和娱乐称斤论两，它们各有受众层级和存在价值，但打油诗和史诗还是有着本质区别的，一个是情绪欢愉，一个是灵魂洗礼；一个是刺激感官，一个是直指人心。因为有些东西看过了也就是一乐，能够进入你的生活，但无论如何不可能成为你生命的一部分和生命的价值观！你在《戏台》里的表演堪称一绝，刻画了卖包子的卑微，小人物的胆怯，蹭戏的喜悦，票友的专注，说推上台也就被推上台了，说占便宜也就占一回便宜了，简直就是一堆不值钱的烂泥随人捏巴，但你这个"大嗓儿"捏巴得松弛自如，捏巴得惟妙惟肖，捏巴得无比可爱！你使演员和角色的界限十分模糊，这种跨度、跳跃、复杂、微妙，不是所有演员都能有幸体验的，达到了走火入魔地"走了一趟"是多么地来之不易和快乐啊！细想想，不是吗？在人生的礼数中不是我们捏巴着别人，就是别人捏巴着我们……这个人物可不是忽而来忽而去忽而多忽而少的佐料，而是将诸因素和谐统一在一个形象中，产生了"理想之美"，如温克尔曼所说的"更丰满、更活泼、更柔软"，实现了"高贵的单纯"！

戏散了，在回家的路上我的心情久久不能平静，脑海里依然闪回着《戏台》的景象，满台的"戏子"们愈是可爱，我的心愈是悲凉，这隐隐的深深的痛噬咬着我的心灵！在中国传统观念里，分三教九流，九流又分上九流、中九流和下九流，下九流由尊至贱的排序为：一流巫、二流娼、三流大神、四流梆、五剃头、六吹手、七戏子、八叫街、九卖糖。这就是中国艺术家的地位，连娼妓都不如！新中国成立后艺术家的地位大大提升了，被誉为"人类灵魂的工程师"，但时至今日，在人们的观念里，艺术家的地位也还是十分有限的。

写到这里，我又想起了斯大林在1941年红场大阅兵时的讲话："这一群丧尽天良、毫无人格、充满兽性的人恬不知耻地号召消灭伟大的俄罗斯民族，消灭普列汉诺夫和列宁、别林斯基和车尔尼雪夫斯基、普希金和托尔斯泰、格林卡和柴可夫斯基、高尔基和契诃夫、谢切诺夫和巴甫洛夫、列宾和苏立柯夫、苏沃洛夫和库图佐夫的民族！……德国侵略者想对苏联各族人民进行歼灭战。好吧，既然德国人想进行歼灭战，他们就一定会得到歼灭战。"

从斯大林的演讲中可以看出，在中国观念里的至贱，在俄罗斯是至尊！在中国是民族色彩，在俄罗斯是国家标志！

看了《戏台》，我想起了家乡，山西被誉为"中国戏曲的摇篮"，早在汉代，山西就出现了戏曲的萌芽，到了元代，山西已是全国戏曲艺术的中心，先后诞生了关汉卿、郑光祖和白朴等元曲大家；北宋年间，当汴京的演出场所还被称作"勾栏""瓦舍""乐棚"的时候，山西早已有了固定的砖木建筑，被称作"舞亭""舞楼""乐楼"的正式戏台了。山西现存元、明、清的老戏台三千多座，这在全国排名第一。全国仅存的六座元代戏台都在山西晋南一带，成为珍贵的"活历史"。毫无疑问，山西在元代已是全国戏曲艺术中心，为唐诗宋词元杂剧中的"元杂剧"做出了扛鼎贡献。这又让我想起山西洪洞广胜寺水神庙中的元代壁画"大行散乐忠都秀在此作场"，这是我国目前发现的唯一不以佛道为内容的元代壁画孤例，在中国戏剧史上占有举足轻重的位置，其中女扮男装的"忠都秀"又让我联想到《戏台》中的戏子们，试想，如果没有"粉墨"怎见"春秋"？这难道仅是戏子们的《戏台》吗？

写多了，走题了，不过，看戏能入戏，也能出戏，这也是《戏台》之所以是好戏的一个理由吧。

只要人类存在，我想，"无论这仗怎么打，戏还得照唱"！

祝你和佩斯好戏连台！

此致

春安！

张继钢

2017年4月30日

戏剧是"偷窥"
——写给好友龚小奇

小奇：

  你好！

  前些天我们讨论了戏剧，你说的几个词给我留下了深刻印象，越咀嚼越觉得有味道……

  这封信先说说戏剧是"掀起门帘一角的偷窥"……确实，在人类潜意识中普遍存在着偷窥心理，对未知的神秘，对阳光下的阴谋，对被大善掩盖下的大恶，包括对别人隐私的好奇，等等，"想知道"总是躲在人们的潜意识中，往往捂得越严实甚至成为禁忌，就越是让好奇心更加强烈，探秘的愿望更加迫切。"想知道"又不想被人发现"知道"就需要偷窥，人们总想了解别人而不被别人所了解，这倒不完全是因为神秘，还因为自身的安全。所以，在某种意义上说写戏是有风险的，看戏"偷窥"却是安全的。自古以来升平歌舞，忧患戏剧。戏剧是冷峻的，擅长直指人心，特别在揭露和鞭挞假、恶、丑方面更是握大力道。

  我们先看看"戏剧"是在哪里"混"出来的，它的起源不是

龚小奇，北京红舞鞋艺术中心董事长，2008年北京残奥会闭幕式工作室主任，参与策划舞剧《一把酸枣》《千手观音》、说唱剧《解放》、歌舞剧《山里娃》等。

我们议论的重点，我们只看看它对谁发挥作用，在哪里发挥作用和发挥了什么作用。戏剧的历史演进告诉我们，民俗节日是戏剧的摇篮。在民间，究竟是什么才能使"空巷无人一国狂"呢？显然是节日集会。北方人是"赶会""赶庙会"，南方人叫"赶集"，西南少数民族称为"赶圩"。"赶"就是怕耽误，主要是怕耽误了看戏，因为看戏最热闹。

庙台、銮台是百戏用武之地，勾栏瓦舍是杂剧的演出场所，往往都在集市的中心，"戏剧"是聚在一起说故事讲传奇，是由"角儿"扮演着"角色"表演出来的故事，不仅要看故事还要看是谁在扮演。那奇奇怪怪人间百态人人爱看个个爱听，因为聚集热闹、说笑喜乐是天赋的禀性，好奇天地鬼神传闻逸事是生就的本能。故事传奇有人讲（艺人），有人听（市场），有场所（舞台），那么看戏主要是想看什么呢？一定是想看平日里看不见的东西，想听在日常听不到的东西。戏的内容虽然不能正常，正常了没人看没人听，但演戏的人却是正常的人。于是，戏子们道貌岸然地去扮演"男盗女娼"，看客们大摇大摆地去看"偷鸡摸狗"。所以，无巧不书，无奇不戏。说"戏剧"是"偷窥"，是有着传统民风和市井习俗依据的。

我们再来看看一部"戏"是怎么产生的。

艺术来自孤独。编剧是首先掀帘之人，他进到"密室"思考并决定着屋里几人、物件几许，安排他们发生些尽可能稀奇古怪的事。导演是第二位掀帘之人，唆使随他进入屋里的那几人把事闹大，摆布那几许物件直至折腾到天翻地覆。进到门里的演员就死了，角色却活了，出了门外的演员就复活回原形，而角色却永远留在屋里了……有经验的编剧和导演一定也是出色的心理学家，他们猜透了观众的心思，并与观众共同分享着"偷窥"的快感。心想：反正不是我干的，是戏中人所为，所以堂而皇之地竭尽所能折磨戏中人，"折磨"观赏者。经过这般反反复复进进出出使得屋内神神秘秘，这屋内究竟能发生些什么？又究竟发生了些什么？引得成千上万的人们身着节日盛装结伴而来，他们怀揣着强烈的好奇，等待着隆重而又庄严的"掀起门帘一角"去集体"偷窥"！在我的出生地榆次就流传着："宁愿丢了一只鞋（囃），也不能误了程玉英的嗨、嗨、嗨！""嗨、嗨、嗨"是什么？既是角儿的唱腔功底，也是角色的悲喜情绪啊，不是吗？你看，"偷窥"的人们正在流泪呢！

　　戏剧的"偷窥"在某些方面又类似于摄影的"偷拍"，捕捉到的东西会更自然生动。他们究竟"偷窥"到什么？他们窥见了窦娥的冤屈于是愤愤不平，窥听了西厢的情话所以暗暗窃喜，还窥探了《赵氏孤儿》的复仇和《火烧介子推》的忠义，等等。在咱们共同创作的舞剧《一把酸枣》中，小伙计和富家傻少爷的童养媳酸枣相爱本身就不合世俗，他们在酸枣地里的偷情更是令观众瞪大了眼睛。说唱剧《解放》也一样，女人裹小脚怎么裹呢？盯着女孩儿的光脚丫儿看，盯着一群女孩儿的光脚丫儿看，盯着女孩儿的三寸金莲儿看，盯着一群女孩儿的三寸金莲儿看，只能在舞台上"偷窥"，生活中你是万万做不到的。"偷窥"使看戏的人们都仿佛睁开了上帝的慧眼对人间洞察秋毫，同时，戏剧又在人们的内心播种了善良，生长出正义的价值观和崇高的家国情怀。

啊呀！这个"窥视"，原来却是如此的光明正大，俨然替天行道啊！写到这里我们需要把话说回来，如果我们明白了"偷窥"是戏剧创作心理和戏剧观赏心态，那么，对于戏剧艺术创作的意义又是什么呢？

李渔讲：立主脑、脱窠臼、密针线、减头绪、审虚实，主要涉及编戏的主题和布局。我觉得"构成"也是十分要紧的事，兴许是第一要紧的事。艺术创作十分复杂，主题先行也行，主题后行也行。

编戏首先是没事儿找事儿，编剧找事儿就需要手段，这手段就要非常适合"生事""闹事""搅事""办事"，只有先"无中生有"，再"无事生非"，才可能获得闻所未闻、见所未见的"无与伦比"，这般戏剧就不是司空见惯，方可值得"偷窥"！

那么，怎么找事儿呢？显然"构成思维"是极其宝贵的方法，我们知道"结构"是内部的，而"构成"是外部的，先外部配制，后内部整理。还能再简单一些把方法公式化吗？能，即特殊环境下的特殊人物关系，这一点咱们以后再聊。

致
礼！

张继钢

2018年3月7日

要在舞台美术设计中找到"一"
——致舞台美术设计家龙华

龙华：

　　你好！

　　你寄来的《龙华工笔重彩画》年历和《龙华美术设计艺术——虚构世界》收到了，很喜欢，也很想说话，于是给你写了这封信。

　　年历"花神系列"十二个月各有意象，气韵与味道各不相同，都很喜欢。工笔画吃功夫费光阴，如同禅修。我觉得《花木兰》与《灯赋》可放另外系列，让这本画册清丽天然。《美人蕉》在这个系列里也稍显强势。但瑕不掩瑜，说说而已。

　　"虚构世界"里看到了我们一起合作的舞剧《一把酸枣》设计图很是亲切。这部舞剧现在还一直在演出，已近千场。舞剧中的美术设计与制作不同凡响，这都是仰仗了你的智慧和才华！

　　好的舞台美术设计其实都能找到"一"，实在找不出"一"

龙华，画家，中国人民解放军广州军区战士杂技团舞美设计师。曾获国家"五个一工程"奖、文化部文华大奖、世界及全国杂技比赛舞美设计金奖、全军文艺汇演舞美设计、服装设计一等奖等多项大奖。主要作品：舞剧《一把酸枣》，民族音画《八桂大歌》，大型杂技主题晚会《红灯高照》《今夜星光灿烂》等。

的舞台美术，就很像我的童年在集市上看到的"拉洋片"或"西洋景"，那不是艺术是娱乐。在舞剧《一把酸枣》中我们只用了一样东西，墙。冷月下的高墙，幽会中的花墙，残阳斜照的长城老墙。其他均为"墙"的辅助或附着。大院的屋脊，匾额的悬挂，四梁八柱的支撑，哪一样都没有离开三晋大地的清灰老墙，只不过藏起来了，是留白。"墙"就是《一把酸枣》中舞台美术设计的"一"。舞台美术设计要一眼就能看出的"一"和一以贯之，若导演和设计没有想法和追求，庸俗的没有格调的东西一不留神就会钻进来。诸如，虚张声势哗众取宠的堆砌豪华，贪大求洋不中不西的"杂货店铺"，像几十年前县城照相馆里的风光背景幕布。实的，就和生活中的一模一样，虚的，就稀奇古怪让人一头雾水。还好，《一把酸枣》守住了麦田，维护了艺术的尊严。

龙华，我们合作多年，我深知你是一位有格调的艺术家，是在艺术面前不放过自己的艺术家。现在看《一把酸枣》依然准确生动，是有内容的。很清楚，《一把酸枣》的美术思想是——素朴简洁，美术观念是——以一当十，美术材料是——北方砖木，美术特色是——景走人移，美术语言是——情景交融，美术品质是——意味深长。舞剧成功，《一把酸枣》的美术设计功不可没！

很想念你！就说这些吧，祝你艺术长青！

致
礼！

张继钢

2017 年 12 月 19 日

丹青供养
——致加拿大华裔画家李巍松

巍松：

    你好！

    时间过得真快，自4月底在洛阳观赏了你的画展，一眨眼就到了年底。收到你的请柬，知道了你要在北京办展，十分为你高兴！我牢记着10日下午3点的开幕时间，无奈北京的堵车，硬是让我误了你的开幕式，我只有谴责自己，真是有愧于你的期待。

    北京杏坛美术馆举办的李巍松绘画展《丹青供养》，虽然馆内摩肩接踵，但仍然遮不住一幅幅画作的慧心禅机和清风明月。在你的画廊里走走停停实在是仿佛修行，那种"静"气使得所有观赏的人变得纯净，也早已忘记了北京的雾霾……

    我沉浸在画中，耳边不时听到你喃喃低语的介绍，快看完画时才认真看着你说起话来，我内心一惊，面前的你是那么的安详，目光澄澈、内心安定，像是出世之人带着超度使命偶然串门

李松，字巍松，以字行，号敬之，室名敬之斋。职业画家。作品题材广泛，山水、人物、花鸟皆有涉及，精于书画金石的鉴赏及收藏，出版有《李巍松画集》《中国画名家作品精选——李巍松作品》《相佛——李巍松佛教人物画集》。

来看看我们，无论听到的是相同或是相左，你的脸上总是挂着微笑；无论是人们长时驻足观赏还是像赶集一样匆匆走过，你都恍如隔世般望着芸芸众生。这是怎样深的修养才能有的定力啊！我顿悟，你工笔的一笔一画就是修行，是独自游走在山水花鸟中的修行，是在"菩提树下"的修行。我问你：画展名称是谁起的，你说是你自己，这就对了，这次画展的题材主要集中在宗教人物和山水花鸟。《丹青供养》，不是音乐，也不是文学，是画家的绘画供养，是修行积德、弘扬礼赞，云岗和敦煌也都有"供养人"，那么你供养什么呢？我觉得唯有信仰了！

一般来说工笔的"花鸟"很容易"摆造型"，很像"杨柳青"，让人想起过去县城照相馆里的照相师，要不让一男一女斜着身体面对面，要不让两个人都斜着身体顺排站，这种姿势违背了情人之间的爱的逻辑，这类照片充其量也就是个证明，是明确关系的证明。同理，花鸟生长于大自然，花枝有风动，鸟儿有灵动，一"摆"就死，有着人为痕迹的构图，后果是呆板的不像是花和鸟的世界，局部勾勒的目的决然不在局部，而是万物生机的联想，细部描写的越是逼真就越是要尊重大自然的逻辑。也许有人会说，有些花枝就没有风动，我想那只有盆景了。丹纳在《艺术哲学》中也谈到"艺术的更高级的特征"是"成为理智的产物而不仅是手工的出品"[1]。你的花鸟动静皆为瞬间，是"活"的，其情境就仿佛是作者在大自然里的偶然捕捉，实在妙哉！

---

[1]〔法〕丹纳著，傅雷译：《艺术哲学》，第29页。

就宗教题材的造型而言，我更喜欢你笔下的和尚，当然，观音造像的稳定与完整也是无可挑剔的。然而你的"和尚"下笔活泼飘逸，细节生动，人物栩栩如生，甚至能让人透过画作看出人物身世，看见光阴，读出清贫与守望，不觉得出家人扫地点灯、缝衣补袜的枯燥乏味，相反，尽管骨瘦如柴却是光芒万丈！

由于喜爱所以容我提些意见：1. 有些造像不必完整，有如电影特写，可以是扫地的笤帚、落叶和一双芒鞋，这些东西的肌理很入工笔；也可是一盏青灯和一双正在点灯的枯老干瘦的手。等等。2. 每个局部都要合乎逻辑，如有风，就要所有细节都要有风向。3. 关于衣宽人瘦。露在僧服外边的干骨青筋要在意，藏在僧衣里边的骨架也要在意。写到这里，我又想起了丹纳的话："需要表达的不是肉体的单纯的外表，而是肉体的逻辑。"[1]

巍松，工笔画是个细致活儿慢功夫，本身就如修行，不清静的人万万画不出清静，欲望过多也决然不会有空灵，无论是画什么都必然蕴藉着作者的境界格局。你的《丹青供养》足够度人，这封信就算是开悟后朝向神明点燃的几炷清香吧。

致
礼！

张继钢
2016年3月11日

---

1 〔法〕丹纳著，傅雷译：《艺术哲学》，第28页。

摄影家的瞬间在舞动
——致舞蹈摄影家俞根泉

大禹：

> 你好！
> 你的摄影是活的，也是带着乐感的……
> 你的摄影是留白的，气象在里边……
> 你的摄影已然成为众多舞蹈家的符号……

大禹和他的摄影

摄影作品是静止的，但大禹的作品是舞动的，是摄影的对象在舞动，也是摄影家的瞬间在舞动，当然，也是欣赏者的想象在舞动。作为编舞者或表演者，有的时候真想把奇妙的姿态时间延长，谁能？大禹！他能让被舞动的红绸永远摇曳，能让演员脱离地球引力永远飞翔！

摄影与照相不同，照相是客观的，而摄影则既是客观的也是主观的，换句话说——"是你非你"。大禹是游走在"是你非

俞根泉，雅号大禹，摄影艺术家，解放军艺术学院一级摄影。尤其擅长舞蹈摄影。出版有《舞者沈培艺》《舞蹈家卓玛》《何晓佩舞集》《女性舞蹈世界》《玉韵兰舞》等十部舞蹈画册，成为中国发表舞蹈画册最多的摄影家。

你""是你，也是我"的缝隙中的高手！

绝妙的摄影作品总是可遇不可求，摄影的价值就在瞬间，几乎全部摄影对象原本并不是为摄影而准备的。那等待时机，捕捉瞬间，使瞬间凝固还能延展想象，实在是大禹的本事！

艺术摄影更是于细微处见精神，是对艺术特征精妙的强调。摄影家以其独特的审美格调，不仅凸显了摄影客体刹那间的精彩而戛然停止，而且让人们领悟到摄影家突然迸发出的激情而意犹未尽，大禹的作品值得收藏！

多数观赏者只是对摄影家作品的鉴赏，如能唤起对摄影家本人的艺术态度的关注，形成生命和生命无言的对话，还能唤起对"那一个"时代、"那一个"人物、"那一个"瞬间的时空记忆，形成时代与时代无言的交流，实在妙不可言。优秀的摄影作品总能成为史料典范，供后人揣摩研究，大禹的作品就具备这样的价值和魅力！

适逢解放军艺术学院建院五十周年，大禹精心出版了这本摄影作品，作为一份厚礼献给学院，拳拳之心，令人敬佩。我愿为大禹摄影作品集的诞生而祝贺！

2010 年 9 月 29 日

让光荣和我们的名字写在一起
——致中国杂技团

谷亮亮并全体中杂参赛的选手们：

在你们走上赛场的关键时刻，我由于在一个重要的区域会议中讲课，故不能和你们在一起，不能在现场见证你们的创新勇气和示范品格，很是遗憾！

孙力力副团长曾对我讲过一件事，十几年前，在一次杂技比赛评委会议上的争论非常激烈，那是由我的杂技作品《肩上芭蕾·东方的天鹅》引起的，有的评委认为应该是金奖，有的评委持否定态度，认为杂技应该是"难、新、美，而不是美、新、难"。我听后颇为吃惊。这是几百年前的"天桥观念"啊！当然，"难"是杂技基本特征，但"美"才是艺术的根本属性，"美"是一切艺术的本质，难道不包括杂技吗？杂技的"杂"就是一个包罗万象的筐，是海纳百川的海洋，不会是农夫的一亩二分地吧。

在这个世界上，大多数杂技团和杂技人是以杂技技艺谋生

谷亮亮，舞蹈家，中国人民解放军总政治部歌舞团演员、编导。2008年北京残奥会开幕式和大型音乐舞蹈史诗《复兴之路》编导及主演。表演作品：舞蹈《太阳鸟》《走出荒原》《士兵与枪》等，创作作品：《兵车行》《仫佬仫佬背背抱抱》《踩月亮》等，执行导演作品：舞蹈诗《侗》、大型音乐舞蹈史诗《为有牺牲多壮志——右玉和他的县委书记们》等。

的，只有少数的杂技艺术家才具有创新使命和引领责任。今天，这使命与责任就历史性地落在了你们的肩上，是时候了，把中国杂技团练功房墙壁上的话变为现实吧，——让世界看到最新最好的杂技！

出我所料，在我的艺术生命中能和残疾人的特殊艺术（1999—2017）、杂技人的绝活艺术（1995—2017）连在一起，这两门艺术的特点都是在挑战极限。现在人们常说："把不可能变为可能。"其实我清楚，这句话是我在1995年接受媒体采访时的有感而发，是我最早说出来的。

我作为编导和演员邱辉第一次参加国际比赛时的第一部作品是《和梦一起上岸》，岸是什么？是完美！完美的岸能上去吗？肯定上不去。那么，有完美的岸吗？有，极限，极限就是阶段性的完美，挑战极限的信念、勇气以及百折不挠的过程就是完美！创立了前所未有的标高就是完美！创新无穷尽，在根本上讲，我们面对完美，只能接近而不能达到。

这是我第三次与中国杂技团合作了，前两次都获得了国际比赛最高奖，我看得出来，你们压力很大。我尽量不让你们看出来，其实，我的压力也不小。

我每次见张红团长，都能看出她眼神里的使命和渴望！

我每次见孙力力副团长，都能感受到她来自对父辈、同辈、晚辈以及杂技事业的热爱与执着！

我每次看见你们，都能看见一种永不服输的骨子里的"王者"气象！

然而，山外有山，天外有天，不能轻视和低估对手，他们既来参赛必有看家本领，你们要善于学习，要承认我们并不完美，还有着很大差距和漏洞，所以，你们要极端认真地做好自己，尽最大努力做好每一个技术和每一个动作，确保每一个合作，无论是双人组合还是三人组合，都要默契配合天衣无缝。同时要有国家水准的台风和仪表，因为你们是——中国杂技团！

我每次参赛心情都很矛盾，不希望对手太强，太强了，压力过大；可又不希望对手太弱，太弱了，即便获了金奖也觉得不值钱。不过，我有种预感，《九级浪》会出类拔萃，因为，观念的落后是落后的根源，杂技界的美学基础实在太薄弱了。这一点，不在杂技圈子里的我们看这差距是十分明显的，这差距究竟是什么？一言难尽啊！

谷亮亮老师和你们在一起就是我和你们在一起，他是一位值得信赖的好导演！他刚涉猎杂技，这次去，对他也是一次学习锻炼。

我想提醒你们：艺术只承认一流，时间只记住精品！

以上，是我远在千里的期待，也是我的衷心祝福！我深信我们合作的过程和结果只有一个——让光荣和我们的名字写在一起！

此致

顺利！

张继钢

2017年9月12日

无问有人无人！
——致中国残疾人艺术团

世明主席及各位同志：

你们好！

非常感谢你们的信任！在我的心中，"中国残疾人艺术团终身艺术指导"是荣誉，是责任，更是使命！衷心感谢你们！

时间过得真快。从1994年我出任远东暨南太平洋残疾人运动会开幕式总导演以来，已过去了二十四年；从1999年我出任中国残疾人艺术团赴美演出总导演以来，已过去了十九年；从2008年我出任北京残奥会开幕式、闭幕式总导演以来，也已过去了整整十年了。几十年过去了，我们回头望去不禁感慨万千，心潮澎湃！在朴方主席的亲切关怀和引领下，在小成理事长的直接领导和推动下，在历任残联领导和机关的支持，在所有残疾人艺术团同志们的共同努力以及全国各领域顶级艺术家们的无私栽培和扶持下，中国残疾人艺术团由零散走向了整合，由业余走向了专

吕世明，第十三届全国人民代表大会常务委员会委员，中国残联副主席、党组成员，中央文明委委员。

邰丽华，聋哑人舞蹈家，中国残疾人艺术团团长、全国青联副主席。代表作：舞蹈《千手观音》《雀之灵》、舞剧《化蝶》。被评为2005年度"感动中国"人物和一百位新中国成立以来"感动中国"人物。

业，从弱小走向了健旺，从中国走向了世界！如今，已然是一支当之无愧的享誉海内外的文艺团体。

回望峥嵘岁月，2000年的赴美演出无疑是中国残疾人艺术团的一座历史纪念碑！记得在赴美前夕，小成同志对我说新华社等着要发消息，要我赶快给晚会起个名称，我几经思考，受美国黑人领袖马丁·路德·金的著名演讲《我有一个梦想》的启发，拟定了晚会名称《我的梦》，谁曾料想，这个由朴方主席亲自拍板决定的晚会名号，竟成为代表中国八千多万残疾人的中国标识世界品牌！我们知道，这个世界品牌的饱满度是靠这些珍珠玛瑙充实起来的：经典舞蹈《千手观音》《生命之翼》，精品舞蹈《去看春天》《秧苗青青》；是靠这些翡翠钻石熠熠生辉的：聋人舞蹈家、团长邰丽华，盲人钢琴家孙岩、金元辉，盲人笛子演奏家毛镝，盲人歌唱家杨海涛，等等，当然还包括我还不太熟悉的很多演员，这其中有几个关键词已镌刻成文化中国的符号——《我的梦》和《千手观音》！

作为正式受聘的终身艺术指导，这封信通常应该讲些感言，但我还是选择了一些储藏在心底的话要对大家讲出来，主要是围绕前瞻性战略研究，因为——看见的东西是被看不见的东西所主宰。

回顾是为了展望。有时，我们只需要看远一点，事情能变得更清楚。简要地说，中国特殊艺术经历了两个阶段，最初是"展示"，后来是"励志"。如《生命之翼》和《去看春天》就是典型的励志文艺作品。励志文艺作品在目前是中国特殊艺术的主体，这些作品不仅极大地鼓舞和鞭策了作为弱势群体的中国残疾人的精神意志，也极大地教育和震撼着健全人的心灵，为中国特殊艺术的成长以及走向世界做出了不可磨灭的里程碑意义上的贡献！历史已经证明，《我的梦》是世界特殊艺术的典范和引领！

那么，从"展示"和"励志"两个发展阶段以后，我们还能够把中国特殊艺术提升到一个什么样的更高境界呢？我想，舞蹈《千手观音》给予了我们一个重要启示，即"普照"，普照就是映照整个人类，是属于整个人类的而不仅仅是反映某一族群的。我觉得，不必老是强调"我"或小范围的"我们"，让人同情不仅廉价而且毫无意义，不要悲观而要达观。黑格尔说，"人是靠思想站立起来的"，中国特殊艺术不是要靠"特殊"而是要靠精湛的"艺术"屹立于天下！我们听意大利歌唱家安德烈·波切利的歌声就不会时刻惦记着他是一位盲人，英国女高音歌唱家萨拉·波莱曼评价他的歌声是最接近上帝的声音；我们听"一位坐着演奏的伟大的小提琴家"帕尔曼的琴声，有谁会想到这个被美国人称为"古典音乐的化身"的以色列人，还是一个下肢瘫痪的残疾人呢？我想，让世界看见和听见属于整个人类的前所未有的美好，这就是"普照"的意义！

如此说来，我们的特殊艺术是不是就不要"特殊"的"展示"和"励志"了呢？不，不是的。恰恰相反，这些是我们的本分，是我们的基本，我们要牢牢坚守，而且要更好地发展。只不过我们的艺术发展战略要调整，要盯住人生的远方去开掘更为广阔的格局。"展示""励志""普照"，它们之间并不矛盾，但不是平行关系，而是递进的有如上台阶步步登高。我们知道，观念的落后是落后的根源！我们要勇敢地和所有健全人艺术家们站在平行的起跑线上——摒弃所有浮躁，忘记所有残疾，拒绝一切平庸，舍弃一切功利。用北京残奥会闭幕式《给未来的信》中的主旨表达，就是——向着最美好的梦想奔跑，永不放弃！

当然，就社会整体而言，残疾人属弱势群体。然而，"弱"是我们的身体并不代表我们的精神。这让我想起了中国传统乐器古琴，古琴与其他乐器相比，也属"弱"势，"弱"是指其音量较弱。但是，古琴之音清微、淡远、松透、浑厚、隽永、深沉，打个比方，其他乐器擅长人和人之间的倾诉，古琴乐音却更像是人与自我，人与大自然的沟通。是一声入耳，万事离心！超凡脱俗，观音自在的太古之音！如果说其他乐器是娱人的，那么古琴就是通灵的。艺术让人想到人生，而娱乐不能。我始终觉得我们的特殊艺术总体上要守住宁静，应该向内，而不是向外；不要张扬，而要内敛；也不要炫技，因为炫技容易空洞；更不要奢华，质朴才能高贵！不要过于强调脸谱化的表演，要让"高山"在胸膛屹立，"流水"在血管里流淌。古人说鼓琴是抚琴，抚琴就是抚摸的意思，抚摸即抚摸天、抚摸地、抚摸人的心灵！舞蹈《千手观音》就是抚摸人类的心灵！

事实上，在人间决定你看见的，不是你的眼睛，而是你的内心。我们要共同钻研和创造，努力迈向经典，让内心的强大影响世界，让艺术的经典普照人间！

不必声嘶力竭地呼号，不必撕心裂肺地哭诉，只要真诚，心——都能听见!

不要爱自己要爱艺术,不要爱演员要爱角色!只要普照,心——都能温暖!

真正的艺术家和所要到达的艺术境界就如同古人所言:"鼓琴时,无问有人无人!"

让我们携手并进共同奋斗,争取以更好的成绩不辜负朴方同志!不辜负残联领导!也不辜负已告别人间魂归灿烂星河的小成同志!

再次感谢你们的信赖!我将永远和你们在一起!

此致

敬礼!

张继钢
2018 年 7 月 8 日

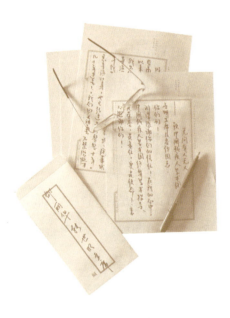

秉烛夜话·张继钢论艺术

04 部分

SIMPLICITY
EXCELS ALL IN
PRESENTING BEAUTY

素朴而天下
莫能与之争美

ZHANG
JIGANG'S
ART
THEORY

母亲的剪纸
一眼看上去就不是"机床流水线"
也不是造作的"盆景"
她剪纸从不勾线，是冒剪，也不雕、镂、剔、刻
往往三五剪下去就能使形象憨态可掬栩栩如生
老人说
边角不能均匀，这不是针线活，死板了不好看……
心灵手巧么，心灵，是活的不是死的

素朴而天下莫能与之争美
——致母亲

一
母亲的剪纸

我的母亲已经九十五岁了，老人家的剪纸作品在平遥国际摄影节展出了，这远远超越了我所有作品加在一起带给我的幸福快乐！

母亲剪纸已有八十多年的历史，剪纸水平多高姑且不论，但老人家通过剪纸传达出的素朴与高贵，可谓无与伦比！

母亲剪纸时必定哼唱着山歌，她所剪出的子鼠、丑牛、寅虎、卯兔、辰龙、巳蛇、午马、未羊、申猴、酉鸡、戌狗、亥猪都在唱歌，真是山欢水笑、万代春秋！

母亲的剪纸在家里贴一年，就温暖一年；街坊邻居收藏一幅，就幸福一家！

母亲的剪纸，一眼看上去就不是"机床流水线"，也不是造作的"盆景"，她剪纸从不勾线，是冒剪，也不雕、镂、剔、刻，往往三五剪下去就能使形象憨态可掬栩栩如生。老人说："边角不能均匀，这不是针线活，死板了不好看。""心灵手巧么，心灵，是活的不是死的。""我手艺不占先，过复杂的弄不了，我剪的耐看，笨得欢烙[1]。"老人一边剪一边说："可有铰得好的嘞，可是有嘞……"

母亲剪纸，全凭天然禀赋啊！

2011 年 5 月 17 日

---

1 欢烙：山西方言，鲜活的意思。

二
母亲二三事

我母亲过世后，我每天都在想她，她的离开人间是回归自然，所以，我在大自然中总能找到她……

她的整个身心灵肉都是大自然的，率性，想唱唱，想喊喊，想说说，想笑笑。随俗，该吃吃，该睡睡，该干干，该歇歇。她看什么都美好，所以能有逆来顺受的开心和坚强！

她常遗憾自己不是一个男人，告诫儿子要敢拿主意，干天一样大的事。我知道，我们几个男孩是母亲心境和气节的延伸。

她一生都是手工，做饭洗碗，裁布缝衣，别人家的孩子是买的白衬衣，她舍不得花钱，非要自己给孩子缝，我为自己的衣领老是皱的抬不起头，她却说是红领巾没系好。别人家孩子的棉袄是用弹好的棉花，她非要自己到摘过棉花的地里去摘剩下的棉花，回到家自己摘掉棉花籽用棍子敲，所以我的棉袄棉裤总是很硌人，因为里边还有不少棉花籽。

父亲过世后，我接母亲到北京，让母亲坐了一回飞机，她的头始终遮着机窗看啊看，嘴里一直不停地呢喃着孙悟空……孙悟空……

傍晚，我搀扶着母亲在北京三环过街桥上散步，她看见三环路上车水马龙，汽车密密麻麻一辆挨着一辆，来的全是前白光，去的全是红尾灯，问我：他们干什么去啊？我说：各干各的。她又问：他们相跟着干什么去？我说：没有相跟，是各回各家。她说：瞎说！我知道，她没有听清，我也没有办法说清。

有一次电视台采访我，要在榆次郊区刚收割完的田地里，拍一组母亲和我的镜头，我们把母亲背在地里，当就留下母亲和我的时候，母亲望着无边无际的田野问我：做甚呀？我说：拍电视。母亲不解：什么拍电视？我指着很远的摄像机说：妈，你看那是摄像机，他们在拍摄咱俩。母亲还是不解：是照相？我只好点点头。母亲说：瞎说！照相不坐在凳上，站在这野地里照甚嘛？我知道，她没听懂，我也没有办法说清。

母亲九十岁时摔断了股骨头，临进手术室时我亲了一下躺在推床上的母亲，她微微睁开眼，说：唐僧取经，难没有受够！九十七岁时骨头裂了，又要动手术，手术前为了鼓舞她让她唱歌，她问：唱什么？我说：随便。于是她就唱老词的《东方红》，唱完她先鼓掌，然后大笑。要动手术时人们抬她换床，她疼了大喊：慢些！我是人啊！

我和媳妇要给母亲买一枚金戒指，带她到北京珠宝店，她看着柜台里一大片金晃晃的戒指很兴奋，因为她没见过这么多的金子，不断地赞叹：做得真好！媳妇让她选一枚，她不说哪个好看，只关心哪个便宜。把金戒指戴在她早已变了形的指关节上后，那只手好像重了很多，她抬也不敢抬，动也不敢动。等我过年回家看母亲时，发现她的金戒指上缠了密密的红线，问她为什么，她只管笑不说话。又是过年再回家看母亲时，发现她的手上没了金戒指，问她去哪儿了，她小心翼翼地从枕头下面取出一个手绢包，打开手绢看，戒指藏在里面，我不解，问她为什么不戴上，她悄悄地对我说：舍不得！

夜很静，我无奈地仰望天空，看着天上的星星，止不住地流泪，耳边又响起母亲浓郁的乡音，她都能叫上来——北极星，北斗星，牛郎星，织女星……

这两天北方寒流，北京很冷，我独自一人走在风中，凉在身上，疼在心上！

母亲走了……

她回家了，我没家了……

2016 年 1 月 20 日

英雄不是空壳
——致总政歌舞团老团长孙加保将军

又快过年了,我收到了雪片般的贺卡,读着其中感激我的文字,心生感慨、感动!我不由得在想,在我的生命里最应该感激谁呢?

那是1991年的冬天,我创作的舞蹈专场《献给俺爹娘》,正由北京舞蹈学院中国民间舞系演出第十六场,舞蹈专场演出的火爆程度,在京城乃至全国都十分罕见。演出结束后,总政歌舞团孙加保团长和申万胜政委一直等着要见我,孙团长说:"张继钢,你放了一颗原子弹,我想调你到总政歌舞团。"

总政歌舞团,是我童年的向往!我十岁时,是山西省榆次县反修小学毛泽东思想宣传队的队长,有一位郝老师曾对我说:"好好努力,将来去总政歌舞团!"从此,总政歌舞团在我幼小的心灵里一直闪耀着光芒,知道了她是中国艺术的最高殿堂!

然而,北京舞蹈学院也是我的向往,并且有恩于我。学院不仅培养了我,还特意把原本是代培生的我转为统招生,把户口迁调到北京,更令我感动的是,我还没有毕业就给我分配了住房,

---

孙加保,少将军衔,舞蹈艺术家。中国人民解放军总政治部歌舞团团长,解放军艺术学院副院长。曾开创性地组织了"双拥"晚会的艺术创作,2012年,中国舞蹈艺术"终身成就奖"获得者。

保证了我留校工作后没有后顾之忧。母校真是恩重如山啊!

人生无路可走肯定是痛苦的,然而,路有好几条都前程灿烂得让你难以抉择时,也是不好受的啊!

我实在是不能拒绝孙团长和申政委,因为我崇尚军人,而且编导也更需要舞台,总政歌舞团的魅力和影响也着实让人难以抵挡!

就在那年的冬天,孙团长和申政委没有把我领进总政歌舞团的大门,而是直接把我和一堆资料、烟酒水果送到了北戴河"软禁"起来,赋予我一个光荣的任务——为总政歌舞团参加第六届全军文艺会演创作一台晚会。那时候的我胆子可真大,没有采风竟全然承诺保证完成任务。

冬天的北戴河疗养院空空荡荡,整座大楼里只有我、赵大鸣和一位作曲家,然而,我们没有一分一秒感到寂寥,因为在我们的胸膛里,中国人民解放军的英雄岁月在燃烧、在沸腾、在激荡……每过十天半月,我们就裹着军大衣站在大门口,迎着寒风,凝视着远方笔直而静默的马路等待着,仿佛等待着亲人的探视。终于看到了两辆白色的轿车进入我们的眼帘,孙团长和申政委又来看望我们,又给我们带来一堆资料和烟酒水果。他们身着威武的军装,向还是地方老百姓的我行军礼,孙团长的军礼是那般慈祥、那般洒脱,令我仰慕、让我难忘!当然,领导的器重、首长的关怀、兄长的情谊,更使我一个刚到部队的艺术家感受到一种从未有过的新鲜、从未有过的温暖,也体会到从未有过的教诲、从未有过的责任!

在孙团长的直接策划、指挥和领导下，我们拿出了整台晚会的方案，不仅给团里每一位著名歌唱家创作了词曲，而且每个周末下午 4 点还要准时向团首长汇报一个新舞蹈作品，连续七周都是如此，七个崭新的作品相继诞生了。那时的我很有压力，同时，也能隐约感受到孙团长的压力，因为总政歌舞团的人们在注视着初来乍到的我，也注视着孙团长和申政委引进人才的魄力和眼光。

记得有一个舞蹈《英雄》向团里汇报后引起了不小的反响，也引起了激烈的争论，反对的意见居压倒性多数，甚至到了要"枪毙"这部作品的程度。那天深夜，我突然接到了孙团长的电话，要我马上到团里会议室开会。我一进会议室发现里面坐满了人，屋子里烟雾缭绕提示我这个会已经开了很久。孙团长郑重地对我说："部队不能宣扬恐怖主义，不能表现贪生怕死，要正面歌颂英雄和革命的英雄主义。《英雄》虽然很感人，但在结尾时我军将士尸横遍野是个问题，这个问题必须解决，如不解决，这个作品就不能上演了。因为我军文艺舞台上还从来没有表现过'死'这么多的人，这是个政治问题，不能冒险！"我顿时觉出问题的严重性，联想到以往部队文艺作品的英雄都是打不死的，虽然可笑但人们已经见怪不怪了。其实，我是有意识要改变这个状况的，我很反感概念化的、虚假的创作观念。我的内心认定——英雄不是空壳！但，观念不同是根本的不同，麻烦终于还是来了……

试想，如果舞台上没有我军将士的尸横遍野，京胡悲壮的音乐就不能如同魂灵一般歌唱，当尸堆里的战旗倒下时，那个英雄战士就不可能出人所料地像搬泰山一样艰难地搬起五星红旗。那一面迎风飘扬的五星红旗只有在战士尸体堆成的山包上才意味深长。怎么办？忽然，我想起了毛主席的话，心想只有毛主席能挽救这部作品。我说："这样行不行？在舞蹈结尾时同时出现字幕：'成千成万的先烈，为着人民的利益，在我们的前头英勇地牺牲了。让我们高举起他们的旗帜，踏着他们的血迹前进吧！'（要落款）毛泽东。"[1]

没想到我话音未落，孙团长就宣布："问题解决了，散会！"

散会后，他和我走在院子里说："你要理解，军队文艺从来没有这样表现过，你说得对，英雄不是虚壳！"

我清楚，身边这位伟岸的团长，是在冒着风险支持一个新兵啊！

经过数月奋战，总政歌舞团果然不负众望，创作演出的大型主题歌舞《军魂》在人们的期待下拉开了第六届全军文艺会演的序幕。一时间，举座哗然，震动军内外，一位军区歌舞团团长激动地说："总政的演出就像骤然刮起的龙卷风，令全军毫无准备，让我们大开眼界！"一位军内资深词作家说："《军魂》为军旅文艺掀开了崭新一页，一扫过去军旅艺术作品的风貌，没有假大空和概念化，满台都是有血有肉的英雄，给全军带来一股新风，让我们眼前一亮，为我们撞开了一条文艺新路。哎哟！军旅文艺作品原来还可以这样创作，无疑这是军队文艺史上的一座里程碑！"

---

[1] 毛泽东：《论联合政府》，1945 年 4 月 24 日。

《军魂》为总政歌舞团赢得了全军文艺会演奖牌总数第一、金牌总数第一的崇高荣誉，坚实并再次奠定了总政歌舞团不可撼动的领军地位，在总政歌舞团历史上树起了又一座高峰。有人说，这一时期的总政歌舞团与其说是人才云集，不如说是人才"拥挤"！在业界"十大腕"的说法正式确立，他们如十颗巨星光彩夺目，是领军人物；舞蹈明星交相辉映，是领军人物；词、曲、编导、舞美、灯光、服装等精英荟萃，形成"钻石组合"，是领军人物，而这个"艺术集团"的领军人物是孙加保团长和申万胜政委。

　　他们雄才大略，为总政歌舞团引进凝聚了黄金般的艺术人才！

　　他们高瞻远瞩，为总政歌舞团培养储备了珍珠般的翘楚才俊！

　　他们呕心沥血，为总政歌舞团创作积累了经久不衰的艺术经典！

　　他们苦心经营，为总政歌舞团铸造了为兵服务的奉献精神、崇尚荣誉的团队精神、精益求精的敬业精神、敢为人先的创新精神！这些精神引领着总政歌舞团一路拼搏、追求卓越、创造辉煌，至今仍然是总政歌舞团秉持的一笔宝贵财富！

　　总政歌舞团如同一艘驶向大海劈波远征的艺术航母，在舰长孙加保将军的率领下，乘风破浪、锐不可当！

　　往事如烟，一晃整整二十个年头过去了……孙团长实现了我的从军梦，改变了我的人生旅程。

我来到部队以后，面对崭新环境之所以能够顺利开展工作，离不开孙团长的教诲与呵护、指导和帮助，他不仅是一位可敬的首长，还是一位可亲的兄长，他不仅教会了我怎样当兵，也教会了我怎样当好兵，更教会了我怎样当好一个排头兵！在我心目中，他是永远的榜样、永远的教材、永远的师长！

在一次电视采访孙加保将军时，他回首往事感慨万千地说："我调张继钢到部队，原以为是调来一位好编导，没想到却调来一位好团长、好部长、好将军！"听到此话，我的泪水夺眶而出……

又快过年了，我端详着桌上那张崭新的贺年卡，竟一时写不出我心中的千言万语、万语千言……

孙加保将军，是我永远的感激！

2011 年 2 月 3 日

那是一个好地方
——致中国人民解放军总政治部歌舞团

我是肩负着创作使命走进总政歌舞团的,也是肩负着创作使命离开总政歌舞团的……

走进她,我战战兢兢,无比激动;离开她,我摇摇晃晃,无限感伤……

一

1991年冬天的一个早晨,当我提着行李出门时,看门人问我:"你去哪里?"当知道我要去总政歌舞团时,他说:"那是一个好地方!"

其实,这个"好地方"不是一个光环,而是一个燃烧的战场,是凝聚着一批又一批优秀战士的战场,是一路高举旗帜而又怕被别人夺走旗帜的战场,因为,她就是旗帜!她必须是旗帜!

我还没有穿上军装,也还没有见过总政歌舞团的大门,就和好友赵大鸣、地方作曲家汪镇宁一起去了北戴河,整整两个月住在空荡荡的总参三部招待所里,开始了创作大型音乐舞蹈《军魂》的旅程。

那些日子里,漫天飞舞的雪花,在我的脑海里却是烽火连天的硝烟……

那些日子里，我们唯一的企盼，就是孙加保团长和申万胜政委来看望我们，当然也企盼着为我们带来的香烟、水果、白酒和必要的军事资料……

那些日子里，在孙团长和申政委的目光里，我清晰地读出了总政歌舞团的使命和责任，也读出了军事文艺的使命和责任！

从那以后，我穿上了军装，融入了总政歌舞团的战斗行列，这个战斗队没有教会我在铺满军功章的路上沉醉，而是接过火炬、拿起刀枪，冲向了新的战场！

二

所处的位置决定了你的责任。

我们经常讲唱响主旋律，当好排头兵。唱响主旋律，关键是要有能力唱响；当好排头兵，首先是要有资格站在排头。因为——

高质量才是排头兵，影响力才是软实力！

1995年，全国上下都在隆重纪念世界反法西斯和抗日战争胜利五十周年，作为中国人民解放军的歌舞团，清楚排头兵的责任，自觉站在历史的、民族的、时代的潮头，呐喊出《国魂》的浩气长歌！其中，舞蹈《壮士》《哭泣的鸽子》至今久演不衰……

三

2003年10月以后,我们团领导见面时,总能看到彼此的眼睛里充满了血丝,张强政委住在单位,印青副团长夜不归宿。那时,全团都很苦!苦,是因为标准;全团都很累,累,也是因为标准;全团都很难,难,还是因为标准!在艰苦的岁月里,总政歌舞团从来不加班,因为从来不下班。

《一个士兵的日记》不是一个人写的,是全团的干部、战士、职工和家属们共同书写的。

《一个士兵的日记》中,歌曲《战士与母亲》《芦花》至今传唱!舞蹈《士兵与枪》广为流传!

四

总政的"双拥晚会"是军队的一个文化品牌!

"双拥晚会"是主旋律,是思想性、艺术性、观赏性相统一的示范!

"双拥晚会"是在几代总政首长的领导下,集合了全军最优秀的文学艺术家的智慧。

"双拥晚会"不是发现人才、发现作品,也不是搜集人才、搜集作品,而是培养人才、创作作品,是发展先进军事文化的战略研究基地,是培养军事文艺人才的大学校,是拓展军事文艺学术领域的大课堂!

"双拥晚会"用艺术的语言讴歌了在党的领导下,祖国的建设成就、军队的跨越发展、军民的鱼水深情。同时,也诞生了歌曲《西部放歌》、杂技《肩上芭蕾·向往》、小品《寻堤》、舞蹈《扎西德勒》等艺术精品,当然,还有很多很多……

我连续十年担任了"双拥晚会"的总导演,所学到的知识至今享用不尽。

五

军民共建,也是军人的责任。因为对于总政歌舞团的信赖,对于军人的信任,我先后出任了《跨世纪的钟声》《毛泽东颂歌》《神奇的女人》《我的梦》《祖国不会忘记》《为了正义与和平》以及远东暨南太平洋残疾人运动会开幕式《我们同行》等近六十项国家级大型文化工程的总导演。

六

时间只记住精品,艺术只承认一流!在中国,估计真正家喻户晓的文艺团体是总政歌舞团!

一个战斗的军队文艺团体之所以能战斗,是因为全团上下都有着强烈的军魂意识、强烈的团队意识。所以,总政歌舞团的每一个人都能努力捍卫集体荣誉,都能始终牢记并肩负起"为兵服务,为巩固和提高部队战斗力服务"的崇高使命。

一个优秀的文艺团体之所以优秀，是因为全团上下都有着强烈的忧患意识、强烈的进取意识。所以，总政歌舞团总能看到"山外有山"，每年的业务考核，总能坚持互相观摩、互相学习，坚持末位淘汰。这个机制培植着战场意识、战士意识、战斗意识。也像一方沃土，培育着优良种子，收获着胜利果实！

七

2001年冬天，为了把舞蹈家邱辉推向国际，我特意为他创作了两个作品：《善之》《和梦一起上岸》。

在维捷勃斯克，除了我和邱辉全是西方人，我们俩相依为命。白天，他除了练功就是为我们买菜做饭，晚上在剧场，我就是他的"衣架"，手里抱着他的大衣，脖子上围着他的毛衣，肩上搭着他的裤子，全然没有了团领导的尊严。

但是，我们赢得了胜利，获得了这个国际舞蹈大赛历史上的第一枚大奖，为中国人赢得了尊严！

回到北京机场后，他对我说：我给您准备了两瓶白酒，背了一路，您拿回家吧。

我哭笑不得，心想：真是个傻孩子！

八

舞美队的队长段京飞，估计在全军文艺队伍中无人不晓。他五大三粗长得威猛，在工作中喊一嗓子，恐怕整个海淀区都能听见。当然，在工作中你要叫他，他保证在十秒钟内就能站在你的面前。

每一次晚会的舞台合成，歌队、乐队、舞蹈队都能轮流休息，但舞美队必须昼夜坚守岗位。记得在舞台上合成舞蹈《哈达献给解放军》时，工作已经连续进行了十二个小时我们还是不满意，在凌晨2点决定彻底推翻原方案，重新开始合成。这时，我用麦克风叫着段队长，奇怪，十几分钟也找不着他，我十分气愤，让所有舞台上的演员"搜捕"段京飞，结果还是没有踪影。忽然，从台侧地板的一大堆幕布中传来了呼噜声，我们围在那里，小心翼翼地掀开幕布，看见了仿佛在电影里才能出现的画面：段京飞的睡姿是四脚朝天，呼噜吹得幕布是上下起伏、波涛汹涌……当人们把他叫醒后，他张嘴就说："怎么样？再来一遍！"

在精益求精的态度和坚守岗位的品质锤炼下，像段京飞这样的同志，在总政歌舞团比比皆是啊！

九

总政歌舞团出国演出的名称常用中国艺术团，这实在是不利于软实力的形成。

有一年，总政歌舞团在美国演出舞蹈专场，演出单位名称是中国舞蹈团，在美国各大城市的演出都引起了强烈的轰动。几年以后，很多北美演出商想再次邀请这个团前往北美演出，可在中国无论如何也找不到"中国舞蹈团"。本来嘛，确实找不到，因为根本就没有中国舞蹈团，好像这个"软实力"一夜间被蒸发了一样，这不利于我们中华文化的对外推广，更不利于中国人民解放军威武之师、文明之师的对外宣传。

2004年10月4日，为庆祝中华人民共和国成立五十五周年，总政歌舞团首次以中国人民解放军歌舞团的名义在澳大利亚著名的悉尼歌剧院举行了演出，演出场场爆满，受到当地观众热烈欢迎。包括澳大利亚总督迈克尔·杰弗里在内的当地政要也观看了演出。澳大利亚总理、国防部长、国防军司令以及艺术和体育部长等政要还给歌舞团发来了贺词。

总政歌舞团在国内人所皆知，中国人民解放军歌舞团在国外名声远扬，这才是真正有效的文化软实力！

十

2005年3月2日，总政领导在机关给我部署了新的任务，应北京市委书记、北京奥组委主席刘淇同志的提议，总政领导决定成立解放军竞标北京奥运会开幕式的创作团队，总政宣传部副部长张西南为团长，我为副团长……

我牢记着李继耐主任的话：

"这是国家的形象！军队的形象！你和军队的同志要永远忠于党！忠于祖国！忠于人民！"

我牢记着北京奥组委领导和我意味深长的谈话：

"你肩上的担子很重,因为你是党员!你是军人!"

2008年6月,我率领着北京奥运会开幕式上半场的全体人员首先进入了"鸟巢"……

2008年9月18日凌晨,我率领着北京残奥会闭幕式的全体人员最后离开了"鸟巢"……

祖国利益高于一切!我们不辱使命。在无与伦比的北京奥运会、残奥会中,解放军和武警部队的全体官兵把责任扛在肩上,把荣耀献给祖国,为了中华民族的整体精神亮相,做出了不可磨灭的历史贡献,仅在奥运会开幕式中解放军和武警部队的创演人员就占到了总人数的72.7%!

在北京奥组委工作的一千零九十六个日日夜夜令人难忘!这是国家的标准,实际上,这标准是总政歌舞团教会我的!

十一

如果想在艺术上学习进步,总政歌舞团是个好地方!这里有全国顶级的歌唱家、舞蹈家,有全国顶级的创作人才。人们说,这里不是人才云集,而是人才"拥挤"!

如果想在军人的品格上锤炼,总政歌舞团是个好地方!去海岛,上边防;抗洪抢险中有我们的呐喊,抗震救灾时有我们的呼唤!当祖国需要的时候,能听到我们的《再见吧,妈妈》《血染的风采》;当人民需要的时候,能听到我们的《父老乡亲》《军旗下的我们》!

十二

每次担任大型文艺晚会的总导演,在人民大会堂的排练场地见到团里的人,总像是见到了娘家人一样的亲!

一次,当我宣布合唱演员休息十五分钟后,过了一会儿,我发现在观众席导演工作台的背后,不知什么时候坐了一大群总政歌舞团歌队的同志们,他们不发一言,就那样默默地围着我。那一瞬间,一股暖流涌上心头!

还有一次,凌晨4点多,当我拖着疲惫的身体走出人民大会堂西门时,歌舞团办公室主任王照成小跑着赶过来,递给我一包东西说:"听见您在麦克风里的嗓子哑了,团领导特意给您的'京都念慈庵枇杷膏'。"那一瞬间,真是一股暖流涌心头啊!

十三

其实,总政歌舞团是不是一个好地方,不仅要问当下在团里的人,还应该去问已经离开团里的人,我相信,在总政歌舞团曾经工作过的人,都无一例外地留恋着那段火热的岁月,而储存的矿藏足以燃烧生命的未来。为什么?因为,总政歌舞团的精神淬火如钢!我想,这精神就是:

为兵服务的奉献精神;

崇尚荣誉的团队精神;

精益求精的敬业精神；

敢为人先的创新精神！

十四

2006年的一天，团里在太原演出舞蹈专场，当我回到晋祠国宾馆时，一下车，就被眼前的景象惊呆了，参加演出的同志们排列成长长的队伍迎候着我，已经知道我要离开团里的他们泪流满面，那一瞬间，我热泪盈眶……

十五

那一时刻终于来了，我摇摇晃晃走进会场。在全团大会上，总政领导宣布了我调离总政歌舞团的命令……

我清晰地记得，那天的会场好安静啊……

十六

现在想来，在总政歌舞团战斗了十四年，不必动员就能废寝忘食，无须鞭策就会熬油点灯，究竟是为了什么？是使命？是责任？是荣誉？是担当？

我想，还应该有——热爱！

现实题材创作需要什么样的环境和心态
——致中华文化促进会主席王石

王石主席：

你好！

收到你深夜写就的来信，我的心里暖暖的，仿佛读出了你写信时的内心沸腾与波澜，令我惊叹的是你每一个字都是滚烫的，似乎我们对一件事早就商量过似的，只不过一起静静地审视而已。这种感觉是我在艺术的领域中从不曾指望得到的，然而今天得到了！

"声乐与造型"的意见很宝贵，我会尝试。其实，面对右玉题材我最早是定位为音乐史诗，"音乐舞蹈史诗"是后来的事，因为，在右玉的生存条件中我能看到恶劣，在右玉人身上我能看到艰辛，在右玉的县委书记身上能看到诗，在六十多年的一任又一任县委书记身上能看到史诗。概括地讲就是诗、乐和画面构成。种树的行为太具体了，不易编舞，但后来我看见了这行为背后的信念，这信念产生了舞的境界，所以有了舞蹈，开始时我压根儿就没指望能"种"出什么舞蹈。

王石，作家、文艺理论家，中华文化促进会主席、文化产业（中国）协作体主席。主要创作有：话剧《高山下的花环》、电视剧《渴望》等。著作有：《文艺简论》《论红楼梦的思想倾向》《鲁迅与他的小说》等。

在当下，把现实题材活动化而不是艺术化的现象非常普遍，难度不在于现实题材，而在于我们对于现实题材其实是有要求的；难度也不在于题材，而是在于艺术家的心态是完成任务还是使命召唤。

用行政领导的方式领导文艺，是培植出创作人员完成任务心态的主要原因，此心态下创作人员的典型特征是善于揣摩领导意图，迎合领导趣味，让领导满意成为唯一目的。再温和的行政领导也是"居高临下"，一面是由上而下的部署和安排，一面是由下而上的服从与落实，一方是明确任务，一方是按时完成。双方都是任务心态只不过站位不同而已。行政领导的弊端往往不是发生在组织层面，而是发生在执行层面。因为行政领导的权威掩盖了实际上的不懂不会不爱。如此状况下的行政领导十分容易自以为是，所以，愈强有力地实施，愈是一竿子插到底，创作人员愈是善于逢迎，甚至是巧妙应对和应付。

与行政领导相区别的不是任务心态而是使命自觉。文艺家领导与文艺家们由于都热爱艺术且都懂专业，自然形成相濡以沫的"合计"，合计是使命召唤下的共同的具体目标，所以能够彼此赏识，其基本条件是情怀和意志相同，觉悟和才华相等，当然还有相同的情趣。

用行政管理的方式管理文艺队伍可能更糟糕，只能培植出"打工"的、"上班"的、"听喝"的、"互相抱怨"的"乌合之众"！

面对现实题材怎样创新艺术精品涉及清醒明确的艺术观，这个艺术观显然超出了学术范畴，值得深思。

县委书记是典型的现实题材。

中国古代知县称县太爷，是七品芝麻官，若能借用一下"县太爷"这个称谓做比喻，那么，我认为中国共产党的基层干部——县委书记，是中国历史上无与伦比的最好的"县太爷"！右玉县的县委书记就是证明。

因此，在排"右玉"之初，我对三百多名演职人员郑重指出："我是艺术家，我不了解你们，你们是不是在完成任务我不知道，但我不是，我的每一次艺术实践都是在播种信仰，是播种在我的心田，也是播种给演员和观众！"

三百多人的演员队伍，演出前从不做动员，演出中没有一个滥竽充数，这现象在当下也不多见，个中缘由我是清楚的。

十分感谢主席的来信，使我的内心深处没有了孤独。

此致

敬礼！

张继钢
2017 年 10 月 10 日

文化中国的窗口
——致国家大剧院首任院长陈平

陈平院长：

您好！

幸逢国家大剧院诞辰十周年，不知为何，我已经激动了一段时间了！想起十几年前在北京要建国家大剧院时我就激动过，北京，终于有个国际水准的大剧院了。国家大剧院，名副其实的——

文化中国的窗口！

艺术世界的平台！

想起往事感慨万端！记得在2009年为庆祝中华人民共和国成立六十周年，大型音乐舞蹈史诗《复兴之路》在人民大会堂隆重上演，就在那个时候，您约我到大剧院西餐厅，问我《复兴之路》移师国家大剧院演出如何？我没有马上回答，因为被眼前的

陈平，北京市政协副主席；国家大剧院党委书记、院长，全国政协委员；文化部"'十三五'时期文化改革发展规划专家委员会"委员；中国艺术研究院"中国剧院管理研究"首席专家、特邀研究员；受聘中央音乐学院、中国音乐学院客座教授、硕士生导师；意大利都灵大学"亚非语言和文化"荣誉博士。2017年荣获"2016中华文化人物"。个人专著：《剧院运营管理——国家大剧院模式构建》。

人给镇住了，心想，此人不凡！不可思议！他可是国家大剧院首任院长，大剧院是艺术殿堂，而《复兴之路》是政治性很强的大型综合文艺庆典晚会，在人民大会堂演职人员有三千人以上，在大剧院演出人员怎么着也要近千人，可能吗？合适吗？能行吗？然而，令我对眼前的国家大剧院院长震惊和敬佩的还不只是胆略，更是情怀！是爱党爱国爱人民爱艺术的真挚情怀！

至今想起，我们在那天的决定无论怎样看都是历史性的。咱们回望一下历史：大型音乐舞蹈史诗《东方红》和《中国革命之歌》的演出都是十场左右，而《复兴之路》在人民大会堂演出十六场，在国家大剧院演出八十五场，开辟了大型音乐舞蹈史诗演出百场的先河，这是一；八十五场演出是面向社会公开售票，场场爆满，创造了社会效益与经济效益双丰收，这是二；八十五场演出每场增售五十张站票，总是被抢购一空，说明广大观众对音乐舞蹈史诗《复兴之路》的喜爱以及大剧院有效的宣传力度，这是三；近千人的演出管理有序，在歌剧院"天上地下"非常复杂的演出环境中没有发生任何安全问题，可谓奇迹，这是四；国家大剧院的舞台设施得到了空前的开发和运用，检验了其为名副其实的世界上功能最齐全的舞台，这是五。

综上，大型音乐舞蹈史诗《复兴之路》演出百场，创造了新中国文艺史上的奇迹！我觉得，这个奇迹在以后要超越也是十分有难度的。

怎么在世界的范围看国家大剧院呢？我想，不仅要看谁老谁新，还要看谁好。十年了，有足够的理由证明中国国家大剧院最好，最重要的指标是见证了一个时代的文化成果，快速实现了从硬实力到软实力的转变。这一切没有家国情怀是办不到的。我们知道，看见的东西是被看不见的东西所主宰，探其究竟，首任大剧院院长理当头功！

我再三思忖，因为其地位是国家大剧院，那么首任院长必备的首要素质是什么？这也是我首先在您身上看见的超凡脱俗——家国情怀！

国家大剧院是个建筑，内容是什么？我所见过的大剧院大多是艺术"码头"，众多的世界级艺术家所向往的也无非是其地标性价值，然而，在您这位"船长"的领航和掌舵下，这艘艺术航母满载着瑰宝往返于东西方文化交流的航线上。十年来，大剧院生产出品了七十六部剧目，很幸运，其中我出任总导演的史诗京剧《赤壁》和国家大剧院版《洪湖赤卫队》也在其中。

《赤壁》是我在大剧院创作的第一部史诗京剧，是您充满信赖地交我执导，集合了当今最有实力的京剧艺术家，我们朝夕相处，大胆创新，终于有了迄今不仅演出场次最多，而且创立经典版、青年版和少儿版不同样式的史诗，并出访欧洲三国巡演，不仅深受80后、90后喜爱，也受到外国朋友的欢迎。

《洪湖赤卫队》向经典学习，又是一次挑战，您要求我一定完成，说实话，真是勉为其难，我宁可做几部新创，也不愿触碰经典。但您的坚持让我难以拒绝。于是，我们开始新的尝试，让这部老歌剧焕发出新生机，连续几年重排，换了几批演员，使之成为具有新的艺术气质的佳作。

您也曾对说唱剧《解放》赞不绝口，称之为"男人真男人，女人真女人，你是怎样赋予他们生命的?"

您也对我们部队审查工作怀揣敬意，说张导看到你汇报工作，一个敬礼，接下来半个小时，有条不紊、滴水不漏，实在让人佩服。其实，这都是部队创作长期以来的作风养成。

惺惺相惜的缘故，我也很佩服您以超前的思考、超人的胆识、有效的手段，把大剧院在很短的时间内，打造成一个具有国际水准的平台。尤其对您提出的"图腾式"符号的表述，颇为赞赏。

我清楚地知道，有八百多家中外艺术院团、三十万中外艺术家来到这个艺术圣地，其中我导演的舞剧《千手观音》《一把酸枣》《花儿》，残疾人大型音乐舞蹈《我的梦》，说唱剧《解放》，民族音画《八桂大歌》，3D舞蹈诗《侗》，大型音乐舞蹈《燃烧的舞步》等，都有幸跻身大剧院，并且其中有些剧目两次三次地接到大剧院的邀请。如果再算上不是我总导演但却上演我的作品的数量，那就更多了，没有统计，我非常有可能是在国家大剧院十年来演出剧目最多的导演。

十年间有近两千万观众在这里接受精神洗礼，大剧院先后成立了国家大剧院合唱团，拥有了大剧院自己的歌剧演员，成立了国家大剧院管弦乐团。一个时代林林总总，国家大剧院可谓硕果累累，出作品出人才之多出人所料，令人仰望！

有道是："审格局，决一世之荣枯；观气色，定行年之休咎。"国家大剧院格局之大，说起来也是气壮山河啊！说院长的格局就是国家大剧院的格局恐怕没有什么异议吧！

这也是我在您身上看见的超凡脱俗——宏大格局。

当代国际上著名艺术家谁来过大剧院不好计算了，谁还没有来过倒是能算出一二。

如今国内所有艺术院团和艺术家们为了能走入这个艺术殿堂而摩拳擦掌已是不争的事实。

国家大剧院已然是海内外艺术家们所向往的艺术圣地！是中华文化软实力的排头兵！您常说：国家大剧院是艺术家们支撑起来的。这话说得有气量！您是院长，却没把自己当主人；您是"掌门"，却没把自己当灵魂。在您心中的供台上永远是艺术家。所以，您被授予俄罗斯友谊勋章，赢得艺术家们的敬重是多么的顺理成章！

这座艺术殿堂经过十年的努力——厘清了艺术和娱乐的界限；提升了艺术水准的标高；架设了东西方文化的桥梁；讲述了中国故事的魅力。

记得我第一次去您办公室的时候充满了好奇，心想管理这么宏伟建筑的院长办公室一定是非常排场的，没料想却只有十几个平方。当初不解现在了然，您的天宇不在那里，您在有限的空间里怀揣着一个无限的圣神殿堂，这个圣神有如照亮国家大剧院的一盏灯，即人民性、艺术性、国际性！

这又是我在您身上看见的超凡脱俗——圣神殿堂。

2007—2017，十年建设了一座纪念碑，从此以后就是里程碑了。让我们共同深深地爱着它，建设它——中国的也是我们的国家大剧院!
　　给您写信就像回家,有很多话说也说不完啊!
　　全家人向您问好!
　　此致
敬礼!

张继钢

2017 年 12 月 22 日

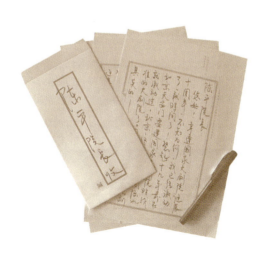

十几年的情义
——致柳州市艺术剧院刘康院长

刘康：

你好！

很荣幸，柳州要授予我为"柳州市荣誉市民"称号，并举办《张继钢艺术作品展》，让我很是感动！随信寄去"艺术展"前面的一段话，权且作为我的一片心意。

十几年的情义
张继钢

十几年了，柳州一直想着我，我也一直想着柳州……初识柳州，那山那水好新鲜；再见柳州，这人这物好亲切！

十几年前，我是被柳州"骗"来的，起初，他们说带我观山赏水；后来，才知道是让我识人做事。

十几年来，我们共同创造了民族音乐剧《白莲》、民族音画《八桂大歌》、大型音乐舞蹈史诗《复兴之路》，还有、还有、

刘康，柳州市艺术剧院院长，柳州市戏剧家协会主席，国家一级舞美设计师，国家高级演出经纪人，演出职业经理人。参与组织制作的作品有：歌舞剧《白莲》，民族音画《八桂大歌》，舞蹈诗《侗》等。

还有……

十几年来,柳州不仅以工业重镇闻名遐迩,更以灿烂的民族艺术名扬四海。我们创作的歌曲已被鱼峰山下的儿女当作山歌,天天唱,天天唱;我们创作的舞蹈已被大江南北的同行学习模仿,天天演,天天演!

十几年来,我们"用人民的语言塑造人民的形象,用人民的歌声礼赞人民的生活"。当然,我们要始终如此!

十几年来,我一直牵挂着柳州!感谢柳州!感谢你们还愿意"骗"我!毫无办法,因为——我早已是柳州的荣誉市民!

守望麦田
——致柳州市戏剧家协会主席刘康

刘康：

　　你好！

　　你要复排《白莲》，令我想起很多……

　　二十年来，我为故乡山西创排了《一把酸枣》《解放》《千手观音》，也为"家乡"广西创排了《白莲》《八桂大歌》《侗》，这些作品至今都"活"着，并走遍了海内外。让人感慨的是，山西是各演各的，广西是要将张继钢三部作品绑在一起系列上演，可见，我爱山西，广西爱我！

　　复排歌舞剧《白莲》等于再创，完全照搬原样毫无意义，囿于当时审美眼光和创作能力，《白莲》还留有许多缺憾，总的看，剧本和音乐要好于舞蹈和服装，那么这次复排就要力争脱胎换骨。

　　一、改"民族音乐剧"为"民族歌舞剧"，使艺术形式更准确。因为"音乐剧"是特指，很难民族化。

　　二、剧中所有舞蹈全部推翻，重新编创，扫除僵硬与机械，使之更符合民族特性，更具有民族风格，更符合剧情发展，也更鲜明而流畅。

　　三、《瑶族舞曲》是名扬海内外的名曲，叫"舞曲"却从不见舞蹈，这是我们的机会，要踩在巨人的肩上创作男子舞蹈《瑶族舞曲》。

四、90%的服装要重新设计和制作，其设计原则是：该刻画形象的要准确，该展示民俗的要生动。同时，既要有民族性也要有时代感，夸张民族款式，减少类似，强调民族主色，减少辅助颜色。

五、道具要服务于人物塑造，也要和服装整体协调。

六、舞台美术不能是"重工业"，应改为轻装，便于巡演。

七、灯光是语言，要参与叙事。灯光是色彩，要渲染情绪。

八、有个别道白失真，要改。

例如，二场，白莲与柳根在山里半夜相见，白莲问："你叫什么？"柳根答："柳根。"这是人"鬼"相遇，柳根从没有和人交往过，怎么可能对答如流，所以虚假。应该答："我爷爷叫过我柳根。"

九、有个别行为失真，要改。

例如，也是二场，在白莲的歌声中，十几年爬行的柳根鬼使神差地站了起来，而且行走自如，很虚假，应该是虽然勉强直立但依然迈不开腿，这就把机会给了白莲，让白莲帮他迈步，岂不更好。

十、有个别调度失真，要改。

例如，一场，人物在屋里屋外场景转换时的表演关系失真，等等。

也许，再过二十年，回头再看《白莲》还能挑出许多毛病，我想，不是也许，而是肯定的。但使《白莲》走近完美的彼岸也是肯定的！

　　提笔写信，二十年前的柳州历历在目，红土地的艺术家们是那么的朴实，那时的我们刚刚认识，都很精力旺盛风华正茂，是刘沛盛局长把我"骗"到了柳州，他的使命感令我难忘！还有剧作家符又仁，编导赵叶叶、杨世萍，演员马雪萍、叶苗壮，还有舞台装置专家阿坤等……这以后，又结识了文化局唐柳英局长，她真诚而执着，风风火火"所向披靡"，逼着我和广西艺术家们联手创作了《八桂大歌》，后又结识了李丽珍局长，我看得出，由于有了前两部作品，使她压力颇大，这压力比她当县长时还沉重。然而，她把压力转嫁给了我，我们用了近七年的时间研究3D，终于诞生了舞蹈诗《侗》。二十年啊，人生有几个二十年啊！我们肯定把彼此深深镌刻在生命历程中了！

　　回首二十年前，远远的，《白莲》就像一盏灯，照亮了年富力强的我们，也点亮了青春焕发的文化柳州！

　　遥远了才有诗意，二十年过去了，我们由年轻变得衰老，而《白莲》却由年少变得成熟！

　　刘康，你认真辅佐了三任文化局长，紧跟不踩脚，慢跟不掉队。稳稳当当，默不作声。所以这封信，我写得很不轻松，因为改戏任务繁重，柳州也情感厚重啊……

　　文化柳州，刘沛盛、唐柳英、李丽珍，三任文化局长功不可没！

打住吧,不写了,今晚又要失眠了……
　　此致
顺利!

张继钢

2017 年 9 月 10 日于北京家中

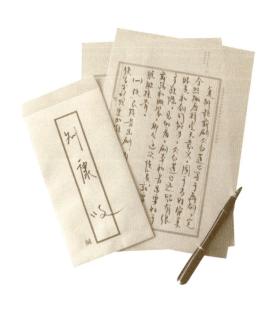

现实题材没有错!
——致好友王建军

建军:

你好!

我们又要面对现实题材了,我知道很难。

记得在2010年你陪我去右玉讲课时,我们被右玉的人和事深深感动,六十多年来,一任又一任县委书记带领全县男女老幼只做一件事——种树。硬是把一块不毛之地改变为塞上绿洲,如果路上不遇上人和房子,你或以为置身于欧洲呢,想想都让人激动!

然而,你在现实生活中遇到的激动,并不一定能同时为你带来艺术创作上的激动,对于这一点,很多领导始终搞不明白:当下多数艺术家为什么对现实题材如此冷漠?或者,即便部分艺术家对现实题材的创作任务投入热情,其作品也依然难以深入人心和影响广泛?

王建军,解放军艺术学院一级导演。曾任2008年北京奥运会、残奥会开幕式核心创意组成员、文学工作室主任,大型音乐舞蹈史诗《复兴之路》核心创意组成员、总导演助理。参与策划作品:舞剧《一把酸枣》《千手观音》,歌剧《洪湖赤卫队》,舞蹈诗《侗》,大型音乐舞蹈史诗《为有牺牲多壮志——右玉和他的县委书记们》等。

找到问题的症结所在才是解决问题的关键，空泛的感叹和抱怨毫无意义，因为问题依旧摆在那里。

钱穆认为，"描写人物"难于"创造人物"，"所以肯定地说：《史记》的价值高于《水浒传》"。然而，大多数艺术家宁愿要"创造人物"的自由，也不愿意要"描写人物"的束缚。因为相对来讲现实题材离得近，当代人很熟悉，"描写人物"是否，谁都看得懂，而"创造人物"余地大，水分多少人们一般不会计较。此为症结一。

人们都躲现实题材，那是由于树典型的目的和心理容易使人"夸大其词"，从而"言不由衷"。一味追求"高、大、上"，凭着自己的意愿随意拔高"对象"，高到不现实。此为症结二。

部分艺术家好大喜功，出人头地意愿十分强烈，爱自己胜过爱艺术，他们不是在乎现实题材，而是在乎重大现实题材的被关注度，从而克制不住地"媚俗"，极尽所能地"噱头"，生怕"自己"产生不出轰动效应。这不是文化自信，恰恰相反，是暴露了文化恐慌，是不自信的症状。所以，呈现出来的效果必然晃眼和空洞。此为症结三。

我始终认为艺术过于依赖科技不是好事。自从舞台上使用了LED，"艺术"便开始泛滥和堕落了。前些年一些导演常把"炫"字挂在嘴边，现在更严重了，又加了一个"酷"字，叫"酷炫"，动不动就把高科技挂在嘴边，真像镶满"大金牙"的"暴发户"。LED使这几年的晚会越来越眼花缭乱，像个哄孩子玩儿的"万花筒"。也好，秉持"酷炫"观念的那群人把艺术与娱乐的界限划分得更加明确了，但令人遗憾的是把大众的艺术观引领到了一个极其庸俗的泥潭里。呜呼！再也看不见美与善之统一，情与理之统一，认识与直觉之统一，人与自然之统一的中国古典美学精神了！试想，若使千百年来的骚人墨客、风流雅士会聚当代，围观今日之"惊艳""酷炫"岂不个个无知人人瞠目！科学与艺术如鸟之双翼，艺术过于依赖科技会失重。此为症结四。

把现实题材活动化而没有艺术化是普遍现象，有庆典式的，有纪念式的，有表彰式的，有节日式的，有专题式的，等等，大多冠以开幕式或晚会的名义。这类表现方式由于规模宏大，往往创作周期长，参演人数众多，当属文化工程。活动化是围绕主题众人献计献策，难免七拼八凑一阵热闹，在整体上很难说这是一部完整作品，也很难说这是谁的作品；而艺术化则是艺术家独立发掘独立创造的产物，不可能依赖拼凑，每部作品都是新的，每个环节都需深耕细作。由于艺术作品的纯粹性，所以是厚积薄发能影响持久。现实题材被活动化。此为症结五。

现实题材没有错！

右玉也是现实题材，而这一现实题材是我主动要拥抱的，所以我格外谨慎，以上五个症结是驾驭现实题材的大敌，我们要避免落入——"描写"与"创造"的顾此失彼、树"典型"心理的"夸大其词"、爱自己胜过爱艺术的虚荣、过度依赖科技的失重和现实题材活动化的七拼八凑的窠臼。

综上,我们文化自信谈不上,文化自觉应该是了。努力做到既要"史"也要"诗",既要"右玉精神"也要独立的艺术品格。这是是否具备"修养"和"能力"的试金石,咱们要力争"文学的情趣和史学的理智"(钱穆语)兼得。

我们要始终把持住这个理念——

用史诗的格局看右玉,以审美的眼光看历史;用朴实的语言唱大歌,以艺术的情调写人生!

此致

冬安!

张继钢
2017 年 2 月 19 日

莫要扯着后腿唱赞歌
——致好友王建军

建军：

  你好！

  大型音乐舞蹈史诗《为有牺牲多壮志——右玉和他的县委书记们》在北京、太原和朔州演出后，出现了很多盛赞文章，按说我作为总导演应该感到欣慰，然而，我却陷入了茫然困惑和深深的焦虑中……

  我觉得在当下，文艺批评远远落后于文艺创作，似乎感觉文艺批评没有推动文艺创作往前走，而是扯着后腿唱赞歌，十分荒唐，其基本的文艺观念之落伍，十分惊人！

  他们不明白，要鼓励聚焦现实题材创作，首先需要分清什么是艺术，什么是现实？要看到艺术反映现实的才华与艰辛，不要把艺术品的成功和现实感人事迹混为一谈，反映现实的作品有着自己独立的艺术品格。如果评论艺术的评论说着说着就说到现实中去了，只能说明这类评论实际上是艺术的门外汉。如此，对现实题材创作的人们就起不到鼓励和鞭策的作用了。因为，只看见了现实而看不见艺术，令艺术家们感到无论如何是题材的成功，而非艺术家的成功，感人是由于现实生活而非艺术创造，艺术品不值钱，艺术家也不值钱，那么，谁还愿意去选择面对现实题材的创作呢？

如果现实题材的创作被这样肤浅的评论所包围，那么，现实题材的艺术之花就盛开不到哪里去。艺术要伴随时代的进步而进步，伴随社会的发展而发展，如果不遵循艺术的自身规律是万万做不到的。评论家热衷在空洞的概念里舞文弄墨，暴露了对艺术的"不爱不懂不会"，想掌握"淹不死的白菜，旱不死的葱"的规律，就要去种菜，起码要和农夫经常在一起。

张继钢

2017 年 12 月 5 日

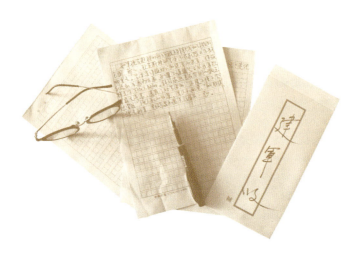

唯有艺术能让我的世界安静下来
——致好友王建军

建军：

你好！

昨夜失眠，忽发奇想，断断续续互不相干，抄写与你……

◎ 我本来是想写"唯有艺术能让这世界安静下来"，又觉不稳当，改为"唯有艺术能让我的世界安静下来"。

不安静就不是艺术吗？Yes!那是活动，是娱乐，是联欢。

艺术必是安静的，必是让世界安静下来的，《圣母颂》是在音乐中让你的灵魂平和安顿，即便是《神圣的战争》的热血偾张，其目的也是为了让人世间和平安详。

◎ 一天一天的过，叫过日子，我不能让日子推着走，而要推着日子走。

◎ 我的作品从来就没有完美过，可能终其一生也是如此，对于完美我只能接近而不能达到。所以，我们一直在批评自己中发现真理，发现那个藏在暗处的更好的。

既然达不到完美又何谈快乐呢？因为，能看见不完美就是快乐啦，说明我们又上了一个新台阶，眼界更宽了，高度就是快乐！

看见所有人都能看见的，想到所有人都没有想到的！

我们的努力多么艰难，我们的事业就多么崇高！

◎ 活着，总得有个方式。

在世间，你的姿势不对就一切不对。

你怎么看这个世界，这个世界就会怎么看你。联想到我自己，我看这个世界就是艺术，恐怕这个世界看我，也就是个做艺术的人。

◎ 你能看见多少反面，你就拥有多少正面！

◎ 其实，人一出生就上了舞台，只不过你不知道而已。

◎ 我在想，"萌"这个字究竟是什么意思？为什么不论什么动物刚出生都那么可爱？它们完全没有防备，也根本不懂得邪恶，那个美是天然的、纯真的、柔软的、安详的。

可能，"美"，首先是"安全"！"真"与"善"恐怕在其后。

◎ 我记得我曾对你说过："像具有我们这样素质的人，无论在什么地方，什么时候，什么条件下都能感到充实和快乐。"我觉得，带给你烦恼的并不是你所遭遇的事，而是你内心对事物的态度和看法。

◎ 美，是流向世界的河流，滋养着人类的灵魂。

以上是信马由缰胡思乱想，天亮了，见笑！

张继钢

2017 年 11 月 5 日凌晨

让艺术天人共鉴
——致律师周俊武

俊武律师：

你好！

你出新书，让我写"序"，写这类"序"，犹如重见刀光剑影，重回硝烟弥漫。写作时，我不停地喝水，为的是尽可能使自己心平气和……

1986年是我的收获之年，使我第一次尝到了艺术创作的充实感和比赛获奖的幸福感。舞蹈《母与子》（与岳丽娟合作）获得了全国舞蹈比赛三等奖，首开山西舞蹈史上获得全国等级奖的先河（过去省里有过鼓励奖）。仅过了一个月，我的另一部作品《元宵夜》（与王秀芳、向阳合作）就获得了首届全国民间音乐舞蹈比赛大奖。由于《元宵夜》，仿佛一夜之间，在舞蹈界我声名鹊起，使我初次尝到了做"名人"的滋味儿，那滋味儿是优越感。

周俊武，律师，北京金诚同达律师事务所高级合伙人。中华人民共和国文化和旅游部常年法律顾问，"九三学社"中央经济委员会委员，北京市律师协会传媒与新闻出版法律事务专业委员会主任。著有：《当明星遇上法律》《星路律程：行走娱乐圈法律之道》《周公观娱：娱乐法江湖》等。

三十多年过去了，舞蹈《元宵夜》演遍全世界，因为只要有华人的地方就有舞蹈《元宵夜》。到处都演，那时，我并不懂得维护——著作权。

1989年，我在北京舞蹈学院创作了舞蹈《女儿河》，是史蒂文森老师（美国）的音乐编舞作业，我构思、编舞、排练只用了三个小时。舞蹈《女儿河》在排练厅汇报时就"火"了，从那以后，《女儿河》演遍了全世界，只要有华人的地方就有舞蹈《女儿河》。到处都演，那时，我并不懂得维护——著作权。

1998年，我为吴正丹和魏保华创作了杂技作品《肩上芭蕾·东方的天鹅》并获得了国际最高奖——金小丑奖。这是在人类历史上第一次在人体的肩上和头顶上立足尖。从那以后，全世界到处都有人演肩上芭蕾，还以为这一杂技品种是"无名氏"的发明呢，这时，我很无奈，虽然已懂得了——著作权。

2000年，我为中国残联访美艺术团创作了舞蹈《千手观音》。2004年在雅典残奥会闭幕式演出引起世界轰动，2005年在央视春晚演出使全国妇孺皆知。突然接到了多起要起诉我的警告和诉讼，这些人有的到现在也根本不认识甚至未曾谋面。这时，我才真正意识到了它的极端重要性——著作权！

其实，还是在很年轻的时候，也就是在1986年我就发表过一篇文章《不重复别人，也不重复自己的过去》。作为艺术家，我始终拒绝平庸鄙视抄袭！面对世俗照搬抄袭，我由得意而无奈，由无奈而痛苦，由痛苦而愤怒。我已被众人抄袭了三十多年并被誉为"引领"，如今却被告上了法庭，幸亏能有明火执仗对簿公堂的机会！

那时，距奥运会开幕式只有不到两年时间了，我作为奥运会开幕式副总导演，也是压力巨大十分繁忙的时刻，谁曾料想接二连三突如其来了两起官司，那段时光真是让我终生难忘……

从奥组委下班常常是凌晨3点以后，一进家门，妻子和我面面相觑泪流满面，她一直陪着我写诉状到太阳升起，而后匆匆吃过早饭就须赶往奥组委大型活动部，去主持残奥会开幕式和闭幕式的创作会议，因为下午至凌晨又是奥运会开幕式的会议了。如此，带着歌唱祖国伟大与维护自己尊严的错综复杂扭结交织苦度光阴，使我猛然认识到了人生这一十分难读懂的大课堂！

"卑鄙是卑鄙者的通行证，高尚是高尚者的墓志铭。"尽管两起官司我都胜诉了，却胜得身心疲惫伤痕累累。

老年间，县衙门使命是正大光明。阳间有知府知县，阴间有冥府判官，都是为了一个"律"字。律，法则，规章也。"敦礼教，远罪疾，则民寿矣。"

碰上官司，自然就结识了律师。也就是在那时我认识了你们——庞正忠律师和周俊武律师。

从面相永远不会看出你们两位的情绪和态度。庞律师通观全局思维缜密，周律师语言犀利不急不躁。记得，当我跟你们说起×××动员了一百位律师要进京状告我时，你们说：用不着一百位，有理的话一位就够了！

法官懂法但不一定懂舞蹈，这一点极其容易被心怀叵测的所谓专业人士浑水摸鱼。舞蹈领域的诉讼专业性极强，但再强再复杂也难不倒周俊武律师，经过长时间的研究分析，他在这方面可称得上是"火眼金睛"了！经过这几起诉讼，他整理出——

什么是时间艺术，什么是空间艺术，什么是时空艺术；

什么是舞蹈，什么是舞蹈作品，作品的要素是什么；

什么人称为编导，什么人称为排练者，他们的职责分别是什么；

什么动作造型是公有领域的，什么动作造型是独创的；

什么是造型，什么是动作，什么是动律，什么是韵律；

就舞蹈艺术语言而言，什么是"单词"，什么是"舞句"，什么是"舞段"；

多少时长是舞句的时长，多少舞句是舞段的时长，独创与剽窃的界限是什么，等等等等，不一而足。可见，要以理服人绝不轻松啊！

周律师打一场官司进一道门，没有真才实学岂敢班门弄斧！

据考证，舞蹈《千手观音》是中华史上第一个舞蹈诉讼。幸亏有著作权法、依法断案的法官和律师，舞蹈家和作品才有了尊严！

庞正忠（庞正中）律师，金诚同达律师事务所主任、创始合伙人，曾任全国律协知识产权专业委员会主任，北京市律师协会副会长，执业二十六年均专注于知识产权业务领域，2015 年被 LEGALBAND 评为"中国知识产权领域顶尖律师"，最近三年连续被钱伯斯评为"知识产权诉讼领域的业界贤达"，入选亚洲权威法律媒体《亚洲杰出律师》（ASIALAW Leading Lawyers）公布的"亚太顶尖律师"的知识产权领域名单。

写到这里，我还想说什么呢？

告状的老像个"正义"，被告的老像个"邪恶"。是吗？不一定！

西方老说中国山寨他们，岂不知他们才是山寨的高手，就我手里所掌握的证据而言，以舞蹈《千手观音》为例，山寨我们的国家有：美国、德国、意大利、俄罗斯、日本、泰国、印度、印度尼西亚，还有……

问题是怎么办呢？

观念的落后是落后的根源！

遍体鳞伤的仅仅拿起盾牌是远远不够的，还需拿起长矛，勇敢面对一切虚伪猖狂以及所有不劳而获的窃取行为！

如此，我为俊武律师胸怀坦荡落笔成书深感欣慰与赞赏。

张继钢
2018 年 4 月 9 日

Copyright © 2019 by SDX Joint Publishing Company.
All Rights Reserved.
本作品版权由生活·读书·新知三联书店所有。
未经许可,不得翻印。

图书在版编目(CIP)数据

秉烛夜话:张继钢论艺术/张继钢著.—北京:
生活·读书·新知三联书店,2019.3
ISBN 978-7-108-06419-6

Ⅰ.①秉… Ⅱ.①张… Ⅲ.①张继钢-书信集
Ⅳ.①K825.76

中国版本图书馆CIP数据核字(2018)第274866号

责任编辑	关丽峡
特约编辑	王建军 王 鑫
装帧设计	晓笛设计工作室 舒刚卫 刘 洋
责任校对	曹忠苓
责任印制	卢 岳
出版发行	生活·讀書·新知 三联书店
	(北京市东城区美术馆东街22号 100010)
网 址	www.sdxjpc.com
经 销	新华书店
印 刷	北京图文天地制版印刷有限公司
版 次	2019年3月北京第1版
	2019年3月北京第1次印刷
开 本	787毫米×1092毫米 1/16 印张12.5
字 数	185千字 图29幅
印 数	0,001-5,000册
定 价	66.00元

(印装查询:01064002715;邮购查询:01084010542)